담대하게 맞서라!

KB190421

이 소중한 책을

특별히 _____님께

드립니다.

이기열 목사님 칼럼집

담대하게 맞서라!

멋진 미래를 위한 필수요소 지혜들

이기열 목사 지음

나침반

담대하게 맞섭시다!

저는 1981년에 총신대학교 신학대학원에 입학하고, 1985년에 목사 안수를 받고 지금까지 목회 사역을 한 평범한 목사입니다. 그런 제가 책을 낼 거라고는 전혀 생각하지 않았습니다. 이것은 전적인 하나님의 은혜이며, 여러분이 도와주셨기 때문입니다.

돌이켜 보면 1997년 교회 개척을 하고 몇 년이 지났을 때, 당시 극동방송 「세상을 아름답게」를 담당하던 김 PD님의 강력한 권유로 칼럼 방송을 시작하였고, 2019년 가을 당시 영동극동방송 지사장이었던 신요섭 국장님의 권유로 다시 방송을 이어가게 되었습니다.

그 후 3년 가까이 계속된 방송 메시지를 책으로 내보면 어떻겠느냐는 권유를 받아 그동안 방송한 메시지들을 정리하여 책을 내게 되었습니다.

영동극동방송은 속초에 있는데, 전파가 동해바다를 타

고 지나가기도 하여 북한 동해안 지역의 도시와 농어촌은 물론, 러시아에서도 청취가 가능합니다. 북한 나진 선봉 지역에 파견 나간 한국 직원들이 그곳에서 영동극동방송을 들으며 예배한다는 보고를 듣고 북한선교에 참여하게 되어서 무척 기뻤습니다.

이 책은 정글 같은 현대 사회에서 크리스천의 삶을 사는 형제자매들에게 세상을 이기신 주님께서 우리와 함께하시며 도우시니 마음을 강하고 담대히 무장하고, 맞서 싸워 이기길 바라는 마음 그리고 지친 현대인들에게 영혼의 쉼과 용기와 도전을 주는데 주님께서 사용해 주시길 기도하며 썼습니다.

제 삶의 길을 여기까지 인도해 주신 하나님, 그리고 저의 신실한 동역자들인 가족, 무엇보다 지난 40여 년간 옆에서 사역의 큰 부분을 감당해 준 아내에게 감사합니다. 그리고 교회를 개척한 후 충성스러운 일꾼으로 말없이 봉사한 자녀들에게 감사한 마음입니다. 특별히 늘 함께하는 교회 식구들에게 이 책을 드립니다.

주님의 은혜에 감사하며 / **이기열 목사**

목차

5부

6부

(보내온 글들을 편집했습니다.)

● 이기열 목사님은 내게 '길동무'다. 어두운 밤길 걸을 때 토닥토닥 말벗이 되어 줄 벗이다. 그와 함께라면 칠흑 같은 어두움도 환한 대낮이겠다. **– 송길원 목사 (하이패밀리 대표, 동서대학교 석좌교수)**

● 어떤 자리에서 뵙든 해박한 지식을 설득력 있고 재미있게 풀어내시는 목사님과의 대화는 즐겁습니다. 무엇보다 늘 따뜻하신 마음을 보여주시기에 먼저 다가가서 대화하고 싶은 분이시지요. 목사님의 설교와 글 역시 목사님을 그대로 닮아있습니다.

– 윤상덕 목사 (일산교회)

● YMCA에 대한 관심과 열정은 27년 전과 변함이 없으신 분입니다. 경청과 칭찬과 조언으로 스스로 변화되게 하시는 분입니다. 엮어주고 이어주고 맺어주는 선한 영향력이 있으신 분입니다.

– 주재형 (재일본한국YMCA 총무)

● 삶이 지치고, 가야 할 길을 헤맬 때, 항상 기적처럼 손 내밀어 주시는 목사님. 모든 신도들의 신앙생활에 따스함과 풍성함을 주시고 찌든 삶에 변화를 주시는 목사님. 아프고 병든 영혼을 살리는 열정을 가지고 하나님의 사랑을 전하기 위해 항상 간절히 기도해 주시는 목사님의 모습에 항상 감동합니다. **– 김지혜 (영화감독)**

● 하나님 나라의 비전을 가진 목회자로서 남달리 방송 선교와 해외 신학교 교수 사역에 사명감으로 지속하신 그 성실함을 보면서 복음의 향기가 풍기는 선교를 지향하는 목회자라 해도 무방하겠다. **– 김동귀 목사 (아름다운교회)**

● 제가 생각하는 목사님은 리더십을 갖춘 목회자이며 매사에 생각이 깊으시고 지혜가 많은 학자라고 생각합니다.

– 이수철 목사 (APMI 대표)

● 멀리서 보면 듬직해 보이고, 가까이 뵈면 신령해 보이고, 옆에 있을 때는 편안함을 주셔서 참 행복합니다.

― 이영익 목사 (전주 중화산교회)

● KTX 고양 기지 기독선교회를 2008년 1월 무사고 기원 예배를 시작으로 철도 복음화의 자리를 14년 동안 섬기시며, 직장 안에서 한 영혼을 위한 복음의 씨앗을 심는데 섬겨주신 분입니다. 임마누엘의 하나님을 나눠주실 목사님을 축복합니다.

― 전영찬, 정성윤 (수도권철도차량정비단 기독신우회 회장, 부회장)

● 때와 상황에 맞게 설교하시는 분으로 낙수의 물 표면에 잔잔한 울림이 있듯 마음을 흔드는 울림이 있습니다. 울림이 있는! 힘이 있는! 그리고 서울YMCA 이사로 사회와 교회의 교량적 역할을 하고 계십니다. ― 조희창 (서울YMCA 전 부회장), 김진숙 (서울YMCA 고양국제청소년문화센터 행정주임), 김혜령 (서울YMCA 청소년활동부장)

● 말씀을 선포하실 때마다 참으로 깊은 교훈이 담긴 예화를 곁들인 설교는 듣는 이로 하여금 고개를 끄떡이게 하고 가슴 뜨거워짐을 느끼게 합니다. ― 김진수 목사 (선유중앙교회)

● 산의 봉우리보다 산맥과 같은 분으로 한결같고 길고 굳게 뻗어 있습니다. 그 산맥을 이루는 것들은 온화함, 인자함, 성실함, 충성됨과 같은 것들입니다. ― 장성훈 목사 (브니엘교회)

● 하나님의 말씀을 가르치고 전하는 사역을 즐겁게 하시고, 잘하시는 말씀의 은사를 받으신 목사님이십니다. ― 류병수 목사 (문산교회)

● 그의 설교는 삶의 방향을 잃고 오늘을 살아가는 사람들에게 나침반과 같은 메시지를 전해주고 계십니다. ― 송기영 목사 (마정교회)

● 풍성한 식견과 다양한 경험 속에 탁월한 리더십과 교회공동체의 대·소 문제들을 풀어내는 능력도 뛰어납니다. ― 정희진 목사 (화은교회)

1부

다음 사람을 위한 감사

일이 마음대로 안 풀릴 때 어떻게 반응하십니까?

일반적으로 나쁜 일이 일어날 때 우리는 감사가 아닌 불평에 초점을 맞춥니다. 잠깐 주위만 둘러봐도 감사할 좋은 일들이 수백 가지가 있는데, 한 가지 나쁜 일이 일어났다고 우리는 감사를 잊곤 합니다.

그런 우리에게 사도 바울은 데살로니가전서 5장 18절을 통해 이렇게 가르칩니다.

"범사에 감사하라 이것이 그리스도 예수 안에서 너희를 향하신 하나님의 뜻이니라."

무슨 일이 일어나든지, 우리는 감사해야 합니다.
하나님이 주신 모든 복에 감사하십시오.

하나님께서 우리를 위해 하신 일에 감사하십시오.

우리의 삶에서 감사의 영이 자라게 하십시오.

일이 잘 풀리지 않아도, 여전히 우리 삶의 계획이 주님의 손안에 있음을 감사드리고, 더 나쁜 상황으로 흘러가지 않음에 감사하십시오.

영국의 위대한 성경 주석가 매튜 헨리는 노년에 강도의 습격을 받아 죽을 뻔한 위기를 맞았습니다. 그런데도 그는 감사했습니다.

- 첫째, 이전에 내가 강도를 당한 적이 없음에 감사하자.
- 둘째, 그들이 내 지갑을 가져갔지만 생명을 앗아가지는 않음에 감사하자.
- 셋째, 그들이 내가 가진 모든 것을 가져갔지만 그것이 그리 많지 않음에 감사하자.
- 넷째, 내가 강도가 아니고 강도를 당한 사람임에 감사하자.

국내의 한 여행작가가 유럽에서 한 달 정도 머물렀을 때의 일입니다.

늦은 밤 숙소에 도착해 짐을 푸는데 탁자 위에 아름다운 그림이 그려진 고급 노트가 정성껏 포장된 선물과 함께 놓여있었습니다. 그 선물에는 '다음 사람을 위하여'라는 메모가 적혀있었습니다.

집주인에게 물어보니 몇 달 전 한 사람이 이곳에서 좋은 경험을 많이 했다며 감사의 마음을 담아 다음 손님을 위한 선물을 준비해놓고 떠났다고 했습니다. 그 선물을 받은 사람이 다시 다음 사람을 위해 준비하고, 또 준비하고 하던 것이, 작가의 차례까지 이어진 것이었습니다.

한 달 동안 머무르다 유럽을 떠나며 이 작가도 약간의 식료품을 포장해 테이블에 두고 메모에 다음과 같이 적었습니다.

'다음 사람을 위해서'

감사한 일이 생길 때 감사하는 것도 중요하지만 하나님을 믿는 그리스도인은 모든 일에 감사해야 합니다.

우리의 삶이 어렵고 힘들어도 범사에 감사합시다.

풍성한 감사의 열매가 우리의 삶에 맺힐 때 다른 사람들도 하나님이 주신 감사의 열매를 맛보게 됩니다.

성경이 가르치는 감사의 본이 되는 삶을 살아가기를 주님의 이름으로 축원합니다.

감사만큼 사람을 성장시키는 것은 없습니다.
매사에 감사하는 마음으로 더 풍성한 삶을 누리도록 노력합시다.

당신만 행복하다면

기독교는 사랑의 종교, 희생의 종교라고 합니다.

예수님의 가르침을 따르는 우리는 다른 사람을 먼저 돌보고, 조금 희생하더라도 개의치 않고 남을 섬겨야 합니다.

그러나 이타적인 삶은 결코 쉬운 일이 아닙니다.

많은 크리스천이 이타적인 삶을 살다 포기하고 이런 질문을 던집니다.

"다른 사람들이 전혀 이타적이지 않은데 어떻게 우리만 이타적일 수 있습니까? 손해 보고 살라는 말입니까?"

예수님은 우리를 위해 자신의 모든 것을 희생하셨지만 결코 그것이 아깝다거나, 손해라고 생각하지 않으셨습니다. 부모는 사랑하는 자녀를 위해선 자기 목숨도 아까워하지 않습니다. 드러나는 이타적인 삶보다는 이타적인 삶의 방향과 동기가 무엇인지가 더 중요한 걸 알 수 있습니다.

다음은 크리스천의 올바른 이타적인 삶에 도움을 주는 세 가지 지침입니다.

- 첫째, 이기심이나 자만이 동기가 되지 않게 하십시오.
- 둘째, 나보다 남을 더욱 중요하게 여기십시오.
- 셋째, 우리의 관심을 개인적인 것에만 제한시키지 말고 더 넓은 시야로 바라보십시오.

사람의 본성은 죄이고, 죄의 속성은 이기심과 교만입니다. 말씀은 계속해서 형제를 사랑하고, 남을 섬기고, 다른 이를 나보다 낮게 여기라고 가르치지만, 이 사실을 머리로는 알지만 현실에서 따르며 살아가는 것이 쉽지 않습니다. 제아무리 크리스천이라 해도 말입니다.

세상 사람들은 말씀대로 사는 사람을 손해만 보고 사는 멍청이라고 말합니다. 자기를 학대하고 부인하는 자존감이 낮은 사람이라고 말합니다. 겉으로만 선행을 추구하는 위선자라고도 말합니다.

그러나 이는 모두 틀린 말입니다.

하나님은 우리가 이타적으로 살아갈 때 진정으로 행복하게 창조하셨기 때문입니다. 남을 위해 헌신할 때 가장 큰 행복감을 느낀다는 '테레사 효과'는 과학적으로도 이미 입증됐습니다.

우리가 남을 위해 헌신하며, 손해 보며 섬겨야 하는 이유는 예수님이 그렇게 본을 보이셨고, 가르치셨고, 그럴 때 행복을 느끼도록 하나님이 우리를 창조하셨기 때문입니다,

미국 역사상 최초의 여성 대법관인 산드라 오코너는 평생 이룬 업적을 버려둔 채 치매에 걸린 남편을 돌보려고 은퇴했습니다.

중증 치매인 남편은 아내와 자식도 몰라보고, 오히려 요양원에서 만난 다른 치매 환자와 사랑에 빠졌습니다. 모든 것을 포기하고 선택한 남편이 이제 자기 이름도 기억하지 못하고 오히려 다른 여자에게 마음을 주었지만, 그래도 오코너는 후회하지 않고 한 발짝 떨어져서 남편을 돌봤습니다. 그녀가 이런 선택을 한 단 한 가시 이유는 "남편이 행복하다면 나도 행복하다"입니다.

"나를 기억하지 못하고 다른 여성을 사랑해도 당신만 행복하다면 나는 기쁩니다"라는 오코너의 고백은 죄에 묶여 죽을 수밖에 없는 인류를 향한 주님의 고백일지 모릅니다.

"너희를 살릴 수만 있다면, 내가 십자가에 달려 죽는다 해도 나는 기쁘다."

예수님은 우리에게 참 행복을 주기 위해 이 땅에 오셨고,

십자가에서 돌아가셨습니다.

> "…내가 온 것은 양으로 생명을 얻게 하고 더 풍성히 얻게 하려는 것
> 이라." – 요한복음 10장 10절

몸소 참된 희생과 사랑을 확증하신 주님은 이제 우리에게 말씀하고 계십니다.

> "내 계명은 곧 내가 너희를 사랑한 것 같이 너희도 서로 사랑하라 하
> 는 이것이니라." – 요한복음 15장 12절

나의 행복을 위해서가 아니라 상대방의 행복을 위해, 서로 사랑하는 우리가 되기를 주님의 이름으로 축원합니다.

> 주변에 힘들어하는 사람에게 관심을 가진 적이 있습니까?
> 나 자신의 행복만큼이나 주변 사람들의 행복에도 관심을 가집시다.

두려움과 담대함

사람마다 두려움을 느끼는 대상과 상황은 다릅니다.

그러나 일단 두려움을 느끼면 대부분 상황을 피하거나 완전히 의욕을 잃습니다. 생존을 위해 위험한 상황을 피하게 만드는 편도체는 뇌에서 가장 먼저 발달한 부분이고, 가장 강렬한 자극을 주는 부위이기 때문에 사람은 두려움에 속수무책일 수밖에 없습니다.

세계적인 철학자 토마스 홉스는 사람이 누구나 쌍둥이로 태어난다고 말했습니다. 일반적인 상황에서는 누구나 멀쩡하게 살아가지만 두려움을 느낄 때는 완전히 다른 사람처럼 행동하기 때문입니다.

당신은 어떤 상황에서 두려움을 느낍니까?

그리고 두려움을 느낄 때 어떻게 대응합니까?

약간의 두려움은 스릴로 느껴지며 삶에 활력을 주지만, 정도를 넘어서는 두려움은 인생을 송두리째 흔들어 소망과 꿈, 하나님의 비전을 뿌리째 뽑아버립니다.

문제는 누구나 두려움을 느끼는 대상과 상황이 다르다는 점입니다.

두려움은 삶의 곳곳에 숨어 있습니다. 대인기피증이 있는 사람이라면 사람을 만나는 일반적인 상황에서도 큰 두려움을 느낍니다.

결벽증 환자는 조금의 흐트러짐도 참지 못하고 생활이 망가질 정도로 집착합니다. 어떤 사람은 병원에서 검진을 받은 후 결과가 두려워 떨기도 합니다. 실제 걸린 병보다 병이 가져올 결과가 두려워 건강이 더 악화되는 사람이 있을 정도입니다.

1분 뒤를 알 수 없는 불확실한 상황, 즉 의심이 우리의 두려움을 더욱 증폭시킵니다.

이런 상황에 처한 우리에게 주님은 두려워하지 말라고 말씀하십니다.

"두려워하지 말라. 나를 믿어라!"

나를 위해 십자가 희생을 두려워하지 않고 감당하신 예수님께서 말씀하십니다.

그분은 우리에게 거룩한 손을 내밀고 계십니다.

그분의 발에는 못 자국이 있으며, 그분의 몸에는 죽음의 흔적이 있습니다.

"네 짐이 얼마나 무거운지 알고 있다.

네가 얼마나 피곤한지도 안다.

네가 얼마나 부당한 대우를 받는지도 안다.

그러나 두려워하지 말라.

내 눈을 통해 삶을 보라!

삶이 너를 위협하지 못하게 하라!

무서워하지 말라. 나를 믿어라!"

호랑이를 무서워하는 사람은 호랑이 그림만 봐도 소스라치게 놀랍니다. 그러나 호랑이가 나를 해칠 수 없는 그림이라는 사실을 알게 되면 두려워할 필요가 없습니다. 이 사실을 믿을 때 두려움은 사라집니다.

의심은 두려움을 만들지만 믿음은 담대함을 만듭니다. 두렵고 떨려도 호랑이 그림을 계속 마주할 때 우리의 두려움은 눈 녹듯이 사라집니다. 이미 주님이 모든 죄를 용서하시고 나를 구원하셨기 때문에 우리는 그 어떤 일에도 두려워할 이유가 없습니다.

믿는 우리의 결국은 영원한 행복과 영광이 예비된 천국

이기 때문입니다.

주님은 이미 죄와 죽음을 이겨내고 승리하셨습니다.
이 사실을 믿기에 우리는 어떤 상황에도 두려워하지 않고, 담대히 이겨낼 수 있습니다.

"이것을 너희에게 이르는 것은 너희로 내 안에서 평안을 누리게 하려함이라 세상에서는 너희가 환난을 당하나 담대하라 내가 세상을 이기었노라." – 요한복음 16장 33절

세상을 두려워하지 말고 담대하게 싸워 이기기를 주님의 이름으로 축원합니다.

> 두려움은 시시때때로 우리를 찾아옵니다. 그럴 때는 주님만을 바라보며 주님께만 의지해야 합니다.

다시 일어설 수 있는 힘

살다 보면 포기하거나 도망치고 싶을 때가 누구에게나 찾아옵니다.

위대한 성취는 피를 흘릴 만큼의 노력이 필요하고, 실망이라는 상처를 남기면서도 계속 나아갈 때 얻게 됩니다. 포기하거나, 도망치거나, 회피하거나, 숨는다고 해서 해결되는 문제는 하나도 없습니다.

넘어진 채로 포기하면 잠깐 마음은 편할지라도 현실은 하나도 변화시킬 수 없습니다. 땅속에 머리를 박고 자기가 도망친 줄 아는 타조와 마찬가지의 삶입니다. 전쟁에서 승리하기 위해선 아무리 큰 희생을 치르더라도 전진해야 합니다. 인생도 마찬가지입니다.

제2차 세계대전을 승리로 이끈 영국의 수상 처칠은 이렇게 말했습니다.

"후퇴하면 전쟁에 이길 수 없다."

지금 큰 실패를 경험했습니까?
넘어질까 두려워 도전을 망설이고 있습니까?
하나님이 주신 일을 멍에로 여겨 그만두려고 생각 중입니까?
결코 포기하지 마십시오!

예수님은 마태복음 11장 28-30절에서 이렇게 말씀하셨습니다.

> "수고하고 무거운 짐 진 자들아 다 내게로 오라 내가 너희를 쉬게 하리라 나는 마음이 온유하고 겸손하니 나의 멍에를 메고 내게 배우라 그리하면 너희 마음이 쉼을 얻으리니 이는 내 멍에는 쉽고 내 짐은 가벼움이라 하시니라."

여기 30절에서 멍에를 말씀하신 때만 "쉽다"라는 단어를 사용하셨습니다. 신앙생활은 멍에가 없는 삶이 아니라 멍에를 극복하며 이겨내는 삶입니다. 나와 함께 하시는 주님이 있기에 우리가 메는 멍에는 쉽고, 싣는 짐은 가볍습니다.

영화 『007 시리즈』에서 주인공인 제임스 본드의 대역을 맡았던 스턴트맨이 불의의 사고로 하반신이 마비됐습니다. 11년간 휠체어 신세를 지며 소망 없이 살아가던 그에게 어느 날 사랑하는 딸이 찾아와 사랑하는 남자가 생겼다고 말했습니다.

"아빠, 저는 결혼식장에서 반드시 아빠와 팔짱을 끼고 들어갈 거예요. 아빠가 멀쩡히 걸어서 저를 신랑에게 인도해 주지 않으면 저는 평생 결혼을 못 할지도 몰라요."

11년간 어떤 재활도 소용이 없었기에 아빠는 모든 것을 포기했습니다. 그러나 딸은 결혼식 날짜까지 미루며 자신의 말이 진심임을 증명했습니다. 아버지는 피나는 노력에 노력을 거듭해 마침내 휠체어에서 일어섰고, 곧 목발을 짚었습니다. 그리고 몇 달 뒤 멀쩡히 걷게 됐고, 딸의 결혼식을 무사히 치른 뒤에는 다시 스턴트맨으로 복귀했습니다. 11년간 걷지 못했던 아버지를 다시 일으킨 것은 딸의 진심 어린 격려였습니다.

지금 낙심하고 있습니까?
포기하고 싶습니까?
다시 일어서십시오.
세상 그 무엇보다 귀한 하나님의 사랑이 우리를 이끌며 힘을 주고 계십니다.

"이러므로 우리에게 구름같이 둘러싼 허다한 증인들이 있으니 모든 무거운 것과 얽매이기 쉬운 죄를 벗어 버리고 인내로써 우리 앞에 당한 경주를 하며." – 히브리서 12장 1절

지금도 우리를 향해 응원의 함성을 보내고 있는 수많은 증인들이 있음을 기억하고 끝까지 포기하지 않고 최선을 다하여 경주하기를 주님의 이름으로 축원합니다.

새까만 밤을 지나야만 환한 새벽을 맞을 수 있습니다. 힘들고 어려움으로 가득한 고난의 시간에 놓여있다면 간절한 마음을 담아 주님께 기도하십시오.

05

참된 만족이 있는 길

사람은 언제나 만족을 추구합니다.

한 끼를 먹어도 잘 먹어야 만족하고, 잠을 자도 푹 자야
만족합니다.

그러나 만족의 기준은 지마다 나르기에 어떤 사람은 진
수성찬을 먹고도 만족하지 못하고, 어떤 사람은 주먹밥 하
나를 먹어도 만족합니다.

세계 최고의 부자였던 석유왕 록펠러에게 한 기자가 "가
진 것에 만족하십니까?"라고 묻자 록펠러는 "조금만 더"라
고 대답했다고 합니다.

하나님이 지금 주신 것에 만족하지 못하면, 인간의 욕심
은 끝이 없기에 결코 만족하지 못합니다.

만족함을 모르는 삶만큼 불행한 삶은 없습니다.

예쁜 얼굴을 더 예뻐지려고 고치고, 그러고도 만족하지 못해 다시 고칩니다.

좋은 자동차를 타면서도 더 좋은 차를 타려고 하고, 차가 있으면서도 또 다른 차를 사고 싶어 합니다.

집, 음식, 사랑, 자랑… 뭐든 마찬가지입니다.

세상의 흐름을 따라 살아가는 인생에는 결코 만족함이 없습니다.

끝없는 욕망의 늪은 예수님을 만날 때 비로소 빠져나오게 됩니다.

골드러시 시절, 미시시피강을 따라가며 사금을 캐던 두 남자가 있었습니다.

미시시피강이 아칸소강과 오하이오강으로 갈라지는 분기점에서 두 사람은 작별했습니다.

오하이오강을 따라 금을 캐던 사람은 많은 금을 발견해 피츠버그라는 인근 지역에 막대한 투자를 했습니다. 남자는 거부가 됐고, 피츠버그는 미국을 대표하는 대도시로 성장했습니다. 그러나 아칸소강을 따라 내려간 사람은 아무런 소식이 없었습니다.

나중에 밝혀진 바에 따르면 아칸소강을 따라 내려간 남자는 오하이오강을 따라 내려간 남자가 발견한 것보다 더 많은 금을 발견했다고 합니다.

훗날 밝혀진 바에 따르면 이 남자가 발견한 금은 미국에서 지금까지 발견된 금 중 가장 큰 금덩이였다고 합니다. 그러나 그는 아름다운 대자연이 훼손될까 봐 금덩이를 호수에 던지고는 고향으로 돌아갔다고 합니다.

나중에 이 남자의 일기장을 우연히 본 손자가 그 호수를 찾아가 금덩이를 건져내고서야 밝혀진 사실입니다.

당신이 보기에는 어떤 사람이 지혜로운 사람입니까?
다른 건 몰라도 금덩이를 호수에 던진 사람이 더 만족하는 삶을 살았을 거라는 걸 저는 분명하게 말할 수 있습니다.

더 소중한 것이 무엇인지 아는 사람이 지혜로운 사람이고, 참된 만족을 누리는 사람입니다.

사도 요한은 요한일서 2장 7절을 통해 우리가 어떤 선택을 하며 살아가야 하는지를 가르쳐 주었습니다.

"이 세상도 그 정욕도 지나가되 오직 하나님의 뜻을 행하는 자는 영원히 거하느니라."

현재의 삶에 만족하며 영원한 하나님의 뜻을 선택하고 따라가기를 주님의 이름으로 축원합니다.

누구에게나 처음이 있습니다. 우리는 그것을 초심이라고 부릅니다. 욕심이 생겨날 때는 초심으로 돌아가십시오. 그러면 순수했던 첫 마음이 떠오를 것입니다.

06

더 크게, 찬양합시다

코로나19는 전 세계 모든 사람들에게 예상치 못한 고통을 가져다주었습니다.

영국 템스강의 한 벽에는 코로나19로 세상을 떠난 가족, 친구들을 그리워하는 편지가 가득 붙어 있습니다. 코로나로 힘든 상황을 버티다가 견디지 못한 청년들도 많습니다. 그 어느 때보다 많아진 청년층의 고독사가 우리 사회에서도 심각한 문제로 대두되고 있습니다.

전혀 예상할 수 없었던 팬데믹 앞에 많은 사람들이 길을 잃고 우왕좌왕하고 있습니다. 세계적 유행의 전염병이 아니더라도, 살면서 자의로는 어쩔 수 없는 힘든 순간들이 예기치 않게 찾아오곤 합니다.

당신은 이럴 때 어떻게 하십니까?

크리스천은 이럴 때 어떻게 해야 할까요?

심각한 우울증으로 사춘기 시절 자살을 결심한 학생이 있었습니다. 그런데 이 학생이 어느 날 우연히 모차르트의 오페라를 듣고는 우울증을 이겨냈습니다.

'아, 세상에 이처럼 아름다운 음악이 있다니….

이 음악을 들을 수 있다면 세상은 충분히 살 가치가 있다.'

학생은 인생의 힘든 시기가 찾아올 때마다 모차르트의 음악을 듣고 힘을 얻었습니다.

나중에는 이미 세상을 떠난 모차르트에게 자신의 마음을 담은 편지를 썼습니다.

「당신의 음악을 듣는 순간 문득 시간이 멈춰 버렸습니다. 세상에서 가장 아름다운 노래에 매혹돼 꼼짝할 수 없었습니다.

힘이 솟아올랐습니다. 삶의 기쁨이 되살아났습니다.

당신이 내 목숨을 구해 줬습니다.

세상이 이토록 아름다운 음악을 들을 수 있는 곳인 이상, 절대로 떠나고 싶은 마음이 들지 않을 테니까요.」

프랑스 최고 권위의 문학상인 공쿠르상의 수상자 에릭 슈미트의 이야기입니다.

때로는 시 한 구절, 음악 한 소절이 위로와 살아갈 힘을 줍니다. 하물며 완전한 주님의 사랑을 이미 깨달은 우리입니다.

힘들고 괴로울 때일수록 찬양을 한 곡 불러보면 어떨까요?

주님의 사랑을 떠올리며 위로의 말씀을 읽어보면 어떨까요?

찬양은 얽매인 우리의 영혼과 몸을 자유하게 해줍니다.

사도행전 16장 25절에는 빌립보 감옥에서 일어난 사건이 기록되어 있습니다.

"한밤중에 바울과 실라가 기도하고 하나님을 찬송하매 죄수들이 듣더라."

감옥에 갇힌 바울과 실라는 원망을 할 수도 있었고, 한탄을 할 수도 있었습니다. 그러나 그들은 주님을 찬양했습니다. 감옥에 갇혀 있는 모든 사람이 들을 수 있도록 큰 소리로 찬송을 불렀습니다. 그러자 기적이 일어났습니다.

옥문이 열리고 쇠사슬이 풀려서 갇힌 사람 모두가 자유하는 기적이 일어났습니다.

시편 16편 11절에서 시편의 저자 다윗은 말할 수 없는 고난과 고통 속에서도 하나님을 향해 이렇게 고백합니다.

"주께서 생명의 길을 내게 보이시리니 주의 앞에는 충만한 기쁨이 있고 주의 오른쪽에는 영원한 즐거움이 있나이다."

다윗의 고백과 같은 아름다운 노래로 언제나 하나님을 찬송하기를 주님의 이름으로 축원합니다.

> 어려운 일이 생길 때가 종종 또는 자주 있습니다. 그때 원망보다, 화를 내는 것보다 찬송하며 위기를 극복하면 어떨까요?

마음을 나누는 염려

성경 원어를 살펴보면 '염려'라는 단어는 두 가지 뜻으로 사용됩니다.

● 하나는 마음을 정하지 못해서 생기는 염려입니다.

주일에 놀러 가고 싶은 마음과 주일 성수를 하고 싶은 마음, 두 마음이 갈등하는 것이 바로 염려입니다.

● 또 다른 하나는 마음을 정해서 생기는 염려입니다.

하나님을 위해 교회에서 봉사하기로 마음을 정한 사람이 있다고 생각해 봅시다. 찬양단으로, 목자로, 혹은 주차로, 다양한 방법으로 하나님을 섬길 수 있습니다.

그러나 우리가 생각하는 일반적인 염려는 대부분 첫 번째 염려입니다.

'염려하지 말라'는 성경 말씀도 바로 첫 번째 염려에 대해 말하는 것입니다.

누가복음 10장 38부터 42절에 나오는 마리아와 마르다의 이야기가 첫 번째 염려의 좋은 예입니다.

마리아는 예수님 곁에 앉아 생명의 말씀을 듣기로 마음을 정했습니다. 그러나 마르다는 마음이 나뉘어 음식을 장만하는 일에 집중하지도 못했고, 예수님 곁에 앉아 말씀을 듣기로 결정하지도 못했습니다.

그 결과 어떤 일도 제대로 완수하지 못하고 오히려 예수님께 마리아를 혼내 달라고 불평했습니다.

마르다는 예수님을 위해 식사에 전념할 수도 있었습니다. 혹은 간단히 식사를 준비하고 말씀을 들을 수도 있었고, 마리아처럼 온전히 예수님의 말씀에 집중할 수도 있었습니다. 그러나 이 말씀의 핵심은 예수님을 섬기든, 말씀에 집중하든 마음을 정하고 기쁘게 감당하라는 것입니다.

마음을 정하지 못할 때, 우리는 염려합니다.

중국 주 왕조 시대에 쓸데없는 걱정을 자주 하는 기 나라 사람이 있었습니다. 이 사람은 하루는 하늘이 무너질까 봐 종일 걱정을 했고, 하루는 땅이 무너질까 봐 걱정했습니다. 죽을 때까지 하늘도 땅도 멀쩡했지만 죽는 순간까지 걱정을 멈추지 않아 '기인지우'(杞人之憂)라는 고사 성어가 생겨났습니다.

'기우'는 쓸데없는 걱정을 뜻하는 말입니다. 마음을 정하지 못할 때 염려를 하게 되고, 염려는 쓸데없는 걱정을 만들어냅니다. 하나님을 온전히 신뢰하지 못할 때 염려가 찾아옵니다.

사도 바울은 빌립보서 4장 6-7절에서 이렇게 말씀합니다.

"아무것도 염려하지 말고 오직 모든 일에 기도와 간구로, 너희 구할 것을 감사함으로 하나님께 아뢰라 그리하면 모든 지각에 뛰어난 하나님의 평강이 그리스도 예수 안에서 너희 마음과 생각을 지키시리라."

하나님을 온전히 신뢰하고 늘 감사하는 삶을 살기를 주님의 이름으로 축원합니다.

걱정과 염려를 한다고 해서 문제가 해결되지는 않습니다. 오직 주님께 기도하는 것만이 문제 해결의 옳은 방법임을 한시도 잊지 맙시다.

믿음으로 격려하라

아무리 훌륭한 재능을 가진 사람이라도 그 사람의 재능이 꽃 피기 위해서는 절대적 지지자 세 명이 필요하다고 합니다.

반대로 얘기하면 나를 믿어주는 사람 세 명만 있다면 하나님이 주신 은사와 재능을 꽃피울 수 있다는 이야기입니다.

성경의 위대한 인물들에게도 물심양면으로 도와주는 동역자들이 있었습니다.

주님을 만나고, 구원받은 크리스천이라 하더라도, 우리는 서로를 믿고 응원해 줄 진정한 동역자와 친구가 필요합니다.

새로운 확신과 새로운 힘을 줄 사람, 상처를 추스르며 전진하도록 도와줄 사람, 선한 결단을 내릴 수 있도록 기도하며 조언해 주는 신실한 사람, 바로 이런 사람이 필요합니다.

당신에게는 믿어주고 격려해 주는 절대적인 지지자, 동역자가 있습니까?

진정한 격려는 믿음이 수반되어야 합니다. 내가 아무리 작고, 연약하고, 사회적으로 유명하거나 재능 있는 사람이 아니더라도 주변의 사랑하는 사람들을 향한 믿음이 있다면 그 사람을 세워 줄 세 명 중 한 명의 자격이 있습니다.

1920년대 남아프리카공화국에서 열린 비행 전시회에서 있었던 일입니다.

한 할아버지가 헨리라는 유능한 비행사를 만났습니다. 두 사람은 금세 친해졌고 헨리는 경비행기를 타보고 싶다는 할아버지의 꿈을 이루어드리려고 뒷자리에 할아버지를 태우고 하늘로 날아올랐습니다. 그런데 불의의 사고로 비행기가 추락했습니다. 다행히 두 사람 다 목숨을 건졌지만, 할아버지는 두 다리가 골절되어 거의 1년 동안 병원 신세를 졌습니다.

그로부터 1년 뒤 할아버지는 다시 비행 전시회를 찾았습니다. 헨리가 조종하는 비행기를 다시 타기 위해서였습니다. 할아버지가 모든 사람의 만류에도 불구하고 헨리의 비행기를 다시 타려고 했던 이유는 단 하나였습니다. 훌륭한 조종사인 헨리가 1년 전의 사고로 자신감을 잃었을까 봐 격려하기 위해서였습니다.

그렇습니다.
참된 믿음과 격려가 다른 사람을 세우고 쓰러진 우리를 회복시킵니다.

히브리서 10장 24절은 크리스천인 우리에게 이렇게 말하고 있습니다.

"서로 돌아보아 사랑과 선행을 격려하며."

서로 믿고, 격려하며, 서로를 세워주기를 주님의 이름으로 축원합니다.

나는 누군가에게 믿음의 사람입니까? 나는 누군가를 믿어주는 사람입니까? 주님 안에서 믿음을 주고 믿음을 받는 우리가 됩시다.

부모를 공경하라

자녀에게 세상에서 가장 큰 영향력을 미치는 사람은 바로 부모님입니다.

세상의 그 어떤 위인, 정치인, 천재, 예술가라 하더라도 부모님만큼 자녀에게 큰 영향을 끼칠 수는 없습니다.

어린 시절 어머니의 따스한 손길 한 번으로 평생을 엇나가지 않고 살아가는 사람이 있지만, 어린 시절 당한 억울한 학대로 평생을 괴로워하며 잘못된 길로 빠지는 사람도 있습니다. 하나님을 향한 믿음도 마찬가지입니다.

미국인들이 가장 존경하는 대통령 링컨은 어머니가 남겨주신 신앙이 가장 값진 유산이라고 평생 동안 말해왔습니다.

"경건한 어머니를 둔 사람은 결코 가난한 사람이 아니다."

바로 링컨의 말입니다.

만약 지금 당신의 믿음이 부모로부터 온 것이라면, 당신이 부모님 덕분에 성공했다면 더 없는 감사와 사랑을 평생 동안 부모님께 드리며 공경해야 합니다.

잠언 23장 25절은 우리에게 이렇게 교훈하고 있습니다.

"네 부모를 즐겁게 하며 너 낳은 어미를 기쁘게 하라."

어떤 부모든지 나를 낳아주셨다는 이유만으로 공경할 필요가 있습니다. 성경에는 '어떤 부모'라는 조건이 나와 있지 않습니다. "나를 사랑한 부모만 공경하라. 많은 재산을 물려준 부모만 공경하라" 등의 조건 없이 "오직 부모를 공경하라"라는 말씀만 나와 있습니다.

어떤 사람들에게는 이 말씀이 마음의 덫같이 걸리는 말씀이 됩니다. 그럼에도 하나님의 명령이기에 우리는 반드시 이 말씀을 지키고자 노력해야 합니다.

우리가 부모님을 즐겁게, 기쁘게 해드려야 하는 이유는 크게 두 가지가 있습니다.
- 첫째, 하나님의 명령이기 때문입니다.
- 둘째, 부모님은 자신의 상황에서 최선을 다해 우리를

사랑하고 돌보았기 때문입니다.

비록 우리가 느끼기에는 그 사랑과 돌봄이 부족하게 느껴질지라도 말입니다.

국내의 한 유명한 방송인이 고등학교 시절에 있었던 일입니다.

아버지가 근처 학교의 수위로 새로운 직장을 구했습니다. 하지만 딸이 창피해할까 봐 비밀로 하고 평범한 회사에 다닌다고 말했습니다.

그런데 다음 날 옆 학교에 다니는 친구들에게 전화가 왔습니다. "수위 아저씨가 새로 왔는데 너희 아빠랑 너무 닮았다"라는 이야기였습니다. 한 명도 아니고, 몇 명씩 계속해서 전화가 오자 딸도 새로 온 수위 아저씨가 궁금해 옆 학교를 찾아갔습니다. 그런데 새로 온 수위 아저씨는 아빠랑 닮은 사람이 아니라 정말로 아빠였습니다.

딸을 보고 고개를 숙인 채 "미안하다"라고 연신 읊조리는 아빠에게 딸은 달려가 안겼습니다. 당당하게 친구들에게 새 수위 아저씨가 아빠라고 소개한 딸은 이후로도 시간이 날 때마다 옆 학교 수위실을 찾아가 아버지에게 기쁨과 즐거움을 드리기 위해 공연을 벌이곤 했습니다.

부모님은 자녀에게 조금의 손해도 끼치고 싶어 하지 않고 모든 것을 희생하는 놀라운 사랑을 베풉니다.

그렇다면 우리는 부모님을 얼마나 자랑스러워합니까?

그리고 우리는 부모님을 얼마나 기쁘게 해드리고 있습니까?

부모님을 기쁘게 해드리고, 웃게 해드리기를 주님의 이름으로 축원합니다.

> 살면서 잊지 말아야 할 것들이 있습니다. 그중에서 결코 잊어서는 안 되는 것이 부모님의 사랑과 은혜입니다. 이제 부모님께 보답할 차례입니다.

큰일을 이루는 작은 일

　아무리 큰 건물도 벽돌을 한 장 한 장 쌓을 때 완성됩니다. 작은 일에 불평 않고 부지런히 충성하는 사람이 하나님이 주신 큰 비전을 이룹니다. 작은 일에 충성하며 벽돌을 한 장 한 장 쌓을 때 하나님은 작은 우리의 손을 통해 견고한 큰 성을 지으십니다.

　지금 내가 하나님이 주신 소명을 잘 완수하고 있는지 알아보려면 얼마나 큰일을 하고 있는지가 아니라 얼마나 부지런히 사명을 감당하고 있는지를 돌아보아야 합니다.
　월요일부터 토요일, 그리고 하나님을 예배하는 주일, 하나님이 주신 소명을 얼마나 잘 감당하고 있는지 확인해 보십시오.

　하나님은 인격을 성장시킬 때 평생에 걸쳐 성장시키십니

다. 하나님은 절대 서두르지 않으십니다.

하지만 끊임없이 우리의 삶 속에서 역사하십니다. 이스라엘 백성은 광야에서 40년이나 연단을 받았습니다.

40년은 광야에서 연단 받는 시간이었지만 또한, 하나님의 놀라운 능력을 체험하는 믿음의 시간이었습니다.

하루하루 뜨거운 광야를 하나님을 의지하며 걸어갈 때 약속의 땅을 유업으로 받은 것처럼, 우리에게 주어진 하루하루를 말씀을 실천하며 살아갈 때 우리의 삶을 통해 하나님이 큰일을 이루십니다.

작고 귀여운 비버는 물가에 살며 종일 나무를 쌓고 진흙을 덮어 댐을 만듭니다. 비버가 하는 일이라고는 이 일밖에 없습니다. 그러나 비버가 만든 댐으로 인해 일대의 토양은 비옥해지고 생태계가 살아납니다. 더 많은 식물이 자라나고, 야생 오리, 거북이를 비롯한 동물들이 모여듭니다.

캐나다의 매니토바주 전역에 큰 홍수가 일어난 적이 있습니다.

모든 마을의 피해가 극심한 가운데 위니펙 지역만 별다른 피해가 없었습니다. 훗날 조사해 보니 비버들이 만든 큰 댐이 홍수를 막은 것이었습니다. 비버는 부지런히 나무를 자르고 진흙을 덮어 댐을 만듭니다. 종일 하는 일은 그것뿐이지만 하나님이 주신 소명을 부지런히 감당하는 비버는 땅을 비옥하게 만들고, 동식물을 살아나게 하고, 대재해인 홍수까지도 막아줍니다.

성경은 히브리서 6장 11, 12절을 통해 하나님이 주신 작은 일, 즉 매일의 소명을 부지런히 감당하라고 말씀합니다.

"우리가 간절히 원하는 것은 너희 각 사람이 동일한 부지런함을 나타내어 끝까지 소망의 풍성함에 이르러 게으르지 아니하고 믿음과 오래 참음으로 말미암아 약속들을 기업으로 받는 자들을 본받는 자되게 하려는 것이니라."

모든 일에 끝까지 부지런하기를 수님의 이름으로 축원합니다.

> 우리 모두에게는 저마다의 달란트가 있습니다. 주님이 주신 나만의 달란트를 많은 사람들을 위해 활용하도록 노력합시다.

2부

사과의 힘

사람은 뼛속까지 사회적 동물입니다.

하나님이 그렇게 창조하셨기 때문입니다.

아무리 잘난 사람도 결코 혼자서는 살아갈 수 없습니다.

관계는 인생을 행복하고 올바로 살아가기 위한 핵심 요소입니다. 예수님은 눈에 보이는 사람도 사랑하지 못하는 사람은 눈에 보이지 않는 하나님을 사랑할 수 없다고 말씀하셨습니다. 마찬가지로 우리가 사람 사이에서 서로 바른 관계를 맺지 못하면 하나님과 바른 관계를 맺을 수 없습니다.

그런데 이런 관계를 올바로 맺기 위해서 가장 필요한 것은 화해입니다.

사람은 실수가 많기 때문에 모든 사람은 오래 알고 지내다 보면 서로에게 이런저런 실수를 하게 됩니다. 이럴 때 자존심을 내세우고 고집을 부리는 사람은 십년지기 친구도 한순간에 잃지만, 먼저 용서하고 사과할 줄 아는 사람은 원수와의 관계도 친구처럼 회복시킵니다.

화해의 힘은 복수보다 강하며, 용서는 상대방의 굳게 닫힌 마음의 문도 스스로 열게 만듭니다.

화해의 놀라운 힘은 경험해 본 사람만이 알게 됩니다. 오랫동안 관계가 틀어졌던 사람을 찾아가 용기를 내어 먼저 사과해 보십시오. 응어리진 마음이 풀리는 순간 놀라운 경험을 하게 될 것입니다. 오랫동안 마음을 불편하게 했던 들끓는 열이 사라지고 마음을 병들게 했던 병균이 깨끗이 박멸되는 느낌을 받게 될 것입니다.

이런 놀라운 화해를 경험하기 위해서는 두 가지 덕목이 필요합니다.

첫째는 겸손이며, 둘째는 뻔뻔함입니다.

지금 마음에 떠오르는 대상이 있다면 더 이상 지체하지 말고 뻔뻔하게 찾아가 겸손하게 손을 내미십시오.

"내가 잘못했습니다"라는 사과의 말 한마디에는 우리가 생각한 것보다 훨씬 더 큰 힘이 내재되어 있습니다.

더그 웨체식은 병원 의료진의 명백한 실수로 사랑하는 형을 잃었습니다. 의료진은 아버지의 차트를 보고 형을 진단하고 치료한 명백한 의료사고를 저질렀습니다. 사랑하는 형을 잃었다는 사실보다 웨체식의 마음을 더 상하게 만든 것은 병원의 태도였습니다.

이 사건은 결국 법정 공방으로 이어졌습니다. 법원은 의료진의 100% 과실로 판결했고, 보상금까지 선고했습니다. 그러나 명백한 승리를 거뒀음에도 웨체식의 마음은 편하지 않았습니다. 승소와 보상보다도 웨체식이 바랐던 것은 "죄송합니다"라는 의사의 사과 한마디였습니다.

웨체식은 이때의 경험을 살려 '쏘리 웍스(Sorry Works)'라는 비정부기구를 만들었습니다. 이 기구는 환자와 병원이 투명하게 서로의 자료를 공개하고 실수를 한 쪽에서 사과하는 프로그램을 도입하는 기구입니다.

일반적으로 사과를 하면 실수를 인정한 것이 되기 때문에 의료분쟁이 더 많이 일어날 것으로 생각했습니다. 그러나 예상과는 달리 의료 소송과 소송 비용이 평균적으로 50% 감소했고, 소송 기간은 20.7개월에서 9.5개월로 급감했습니다. 이 모든 것이 "미안합니다"라는 사과 한 마디의 효과였습니다.

사과에는 매우 큰 용기가 필요합니다. 그러나 사과가 필요할 때는 앞뒤를 가리지 않고 일단 해야 합니다.

위대한 사도 바울도 고린도 교회 성도들에게 실수한 일은 먼저 사과를 청했습니다.

"내 자신이 너희에게 폐를 끼치지 아니한 일밖에 다른 교회보다 부족하게 한 것이 무엇이 있느냐 너희는 나의 이 공평하지 못한 것을 용서하라." – 고린도후서 12장 13절

사도 바울이 한 것처럼 잘못을 합리화하려고 하지 말고 용기를 가지고 과감하게 사과하고 용서를 구하기를 주님의 이름으로 축원합니다.

> 때로는 "미안합니다"라는 말 한마디가 사람을 살립니다. 가끔은 뻔뻔스러울 만큼 솔직하게 자신의 잘못을 인정하고 또 누군가를 용서하며 삽시다.

사랑 때문입니다

하나님의 독생자이신 예수님, 거룩하고 전능하고 흠이 없으신 예수님은 왜 십자가에서 비참하게 죽으셨을까요?

바로 죄, 우리의 죄 때문입니다.

예수님을 유대인에게 넘긴 빌라도 때문이 아니고, 배신한 가룟 유다 때문이 아니고, 예수님을 십자가에 매달라고 외친 폭도들 때문도 아니고, 바로 우리의 죄가 예수님을 십자가에서 죽게 했습니다.

죄의 고리는 인간이 결코 끊을 수 없는 지독한 굴레입니다.

전쟁과 빈곤의 폐해, 고독과 반목, 고아와 과부의 멈추지 않는 눈물, 피죽도 먹지 못해 죽어가는 아이들, 이외에도 다른 수천 가지의 비극들이 우리가 죄로 오염된 세상에 살고 있다는 사실을 증명합니다.

바로 이것이 예수님이 돌아가신 이유입니다.

이토록 지독하고 끔찍한 죄의 문제를 해결하려고 예수님은 골고다 언덕을 오르셨습니다. 십자가의 고난은 예수님도 피할 수만 있다면 피하고 싶었던 괴로운 잔이었습니다.

"내 아버지여, 만약 할만하시거든 이 잔을 내게서 지나가게 하옵소서 그러나 나의 원대로 마옵시고 아버지의 원대로 하옵소서." – 마태복음 26장 39절

그러나 다른 길은 없었습니다.

예수님을 십자가에 달리게 했던 이 끔찍한 죄를 끊어내기 위해선 그보다 더 위대한 힘이 있는, 세상에서 가장 강력한 하나님의 사랑이 아니고서는 불가능했습니다.

중세 시대에 한 마을 사람들이 신앙생활이 고루하다며 아무도 교회에 나오지 않았습니다. 성직자는 지금껏 들어본 적 없는 세상에서 가장 훌륭한 설교를 할 테니 제발 이번 한 번만 나와달라고 마을 사람들을 찾아가 사정했습니다.

약속했던 주일이 됐고, 세상에서 가장 훌륭한 설교가 도대체 어떤 설교인지 궁금했던 마을 사람들이 교회로 몰려왔습니다. 그럼에도 그 성직자는 설교를 시작하지 않았습니다.

대신에 작은 촛불을 들고 예수님이 십자가에 못 박히신 상이 있는 강단으로 올라갔습니다. 그 성직자는 조용하고 밝게 타고 있는 촛불로 못 박히신 예수님의 팔을 비추어서 모인 사람들로 분명히 보게 하였습니다. 그러고는 무릎을 꿇고 기도했습니다. 그때 촛불은 못 박히신 예수님의 두 발을 비추고 있었습니다. 잠시 후에 그 성직자가 일어나서 돌아섰습니다. 그때에도 손을 쥐고 있던 촛불은 그의 얼굴을 밝게 비춰 모인 사람들은 그 성직자가 이렇게 말하는 동안 그 얼굴에 흘러내리는 눈물을 볼 수 있었습니다.

"사랑하는 여러분! 이것이 여러분을 사랑하시는 하나님의 사랑에 대한 나의 설교입니다."

그리고 그는 축복기도를 하고 사라졌습니다.

그렇습니다. 사랑 때문에 예수님은 여러분을 위해 십자가의 고난을 겪으시고, 돌아가셨습니다.

사도 요한은 이 사랑을 받은 우리가 어떻게 살아가야 하는지 가르칩니다.

"그가 우리를 위하여 목숨을 버리셨으니 우리가 이로써 사랑을 알고 우리도 형제들을 위하여 목숨을 버리는 것이 마땅하니라." – 요한1서 3장 16절
"자녀들아 우리가 말과 혀로만 사랑하지 말고 오직 행함과 진실함으로 하자." – 요한1서 3장 18절

우리를 구원하신 주님의 놀라운 십자가 사랑을 힘입어

마음과 열심을 다해 이웃을 사랑하기를 주님의 이름으로
축원합니다.

> "믿음과 소망과 사랑 중에 그중에 제일은 사랑이라." 인간은 사랑 없이는 살 수가 없습니다. 지금 주변을 돌아보고 모두에게 사랑한다고 말씀하십시오.

받은 은혜를 나누라

'성탄절'하면 가장 먼저 뭐가 떠오르십니까?

매서운 추위, 끝나가는 한 해, 여기저기 들리는 자선냄비의 종소리, 형형색색 크리스마스트리로 아름답게 꾸며진 거리들….

사람마다 저마다의 이미지가 떠오를 것입니다.

저는 해마다 성탄절이 다가오면 추위에 떨고 있는 우리의 이웃들이 생각납니다. 비단 저만 그런 것은 아닌지, 12월이 다가오면 기부금 모금액이 평소보다 2배 정도 증가한다고 합니다. 추운 겨울에 더 힘들 어려운 이웃들과 작은 온정이라도 나누고자 하는 손길들이 모여서 그런 것 같습니다.

그러나 이런 아름다운 손길들이 연말에만 반짝하고 마

는 것이 아니라, 일 년 내내 힘을 모은다면 어떨까요? 세상은 더욱 아름답고 살만해질 것입니다.

그리고 물질뿐 아니라 하나님이 주신 사랑과 은혜도 함께 나누고자 크리스천들이 더욱 노력하면 어떨까요? 더 많은 사람들이 하나님이 주시는 기쁨을 누리고 구원받게 될 것입니다.

겁에 질린 채 추위에 떨고 있는 작은 참새들처럼, 유복한 사람, 가난한 사람 할 것 없이 사람들은 저마다 마음에 크고 작은 상처를 안고 살아갑니다. 예수님을 알지 못하고서는 결코 이겨낼 수 없는 크고 작은 고민들 말입니다.

'마음의 상처, 실망감, 외로움, 수치심, 자기 연민, 죄책감, 거듭된 실패…'

우리 역시 이런 고민을 안고 살아가던 사람이었습니다.

임마누엘의 은혜가 임하기 전까지는 말입니다.

'임마누엘, 우리와 함께하시는 하나님!'

하늘에 거하셨으며, 아버지와 성령과 동등하며 똑같이 영원하신 분이 기꺼이 우리의 세상에 내려오셨습니다. 이 은혜를 누리는 우리에게는 매일이 성탄절입니다. 날마다 이 기쁜 소식을 나누고 전해야 할 사명이 바로 우리에게 있습니다.

그러나 안타깝게도 많은 크리스천이 받은 은혜를 마음속에만 담아두고 나누려고 하지 않습니다. 예수님이 하셨던 것처럼 세상의 낮은 곳으로 찾아가 복음을 전하고, 섬기고, 나누려고 하는 크리스천이 많지 않습니다.

미국의 한 대형 교회의 목사님이 노숙자 분장을 하고 주일날 교회에 갔습니다. 그런데 목사님은 너무나 큰 충격을 받았습니다. 입구에서부터 배척받는 기운을 느낄 수 있었고, 안내하는 성도는 불편한 눈빛으로 쳐다보며 눈치를 줬고, 코를 막고 자리를 피하는 성도들도 많았습니다. 목사님은 예배당 한구석에 혼자 앉아 겨우 예배를 드릴 수 있었습니다.

지금으로부터 60년 전 한국 교회에서도 비슷한 일이 있었습니다. 성탄절을 맞아 교회의 한 여전도사님과 사모님이 거지로 분장을 하고 성도들의 집을 찾아 구걸했습니다.

구걸로 모은 돈을 가난한 사람과 나누려는 뜻에서였습니다. 그런데 많은 성도들이 전도사님과 사모님을 문전 박대했다고 합니다.

하나님이 좋아하시는 섬김은 어떤 섬김일까요?

매일 받은 은혜를 나누며, 나를 위해 오신 예수님처럼, 낮은 자를 찾아가 섬기며, 나누며, 복음을 전하는 진정한 크리스천으로 살아가는 성도들이 더욱 많아져야 합니다.

모든 것을 아낌없이 주시기 위해 이 세상에 오신 예수님을 생각하며 즐겁게 나누는 삶이 되기를 주님의 이름으로 축원합니다.

> 힘들수록 나눔이 필요한 세상입니다. 갈수록 힘들어 하는 이웃이 많습니다. 작은 것이라도 나누는 것이 진정한 크리스천의 삶입니다.

살아계신 그리스도

십자가에서 돌아가신 예수님!
날 위해 십자가에서 돌아가신 예수님!
내 죄를 위해 십자가에서 돌아가신 예수님!

이 의미를 한 번 생각해 보십시오.
예수님은 우리를 위해 십자가에서 돌아가셨습니다.
예루살렘 외곽인 갈보리에서 흉악한 두 강도 사이에 예수님이 매달리셨습니다.
하나님의 아들이 천국에서 내려와 나를 위해 죽으셨습니다.
아무 죄도 없고, 얼마든지 피할 전능하신 하나님의 아들입니다.

예수님은 우리를 위해 가시 면류관을 쓰셨습니다.

예수님은 우리를 위해 모든 수치를 감내하셨습니다.

빰을 맞으시고, 침 뱉음을 당하시고, 옷을 빼앗기셨습니다.

예수님은 우리를 위해 모든 피와 물을 흘리셨습니다.

예수님의 탄생, 예수님의 십자가, 이보다 더 분명한 하나님의 사랑 표현은 없습니다.

"사람의 모양으로 나타나셨으매 자기를 낮추시고 죽기까지 복종하셨으니 곧 십자가에 죽으심이라." – 빌립보서 2장 8절

그러나 하나님의 사랑 이야기는 여기서 끝나지 않습니다.

예수님이 부활하시고, 지금도 살아계시지 않는다면 지금 우리가 믿는 복음은 아무런 의미도 없는 죽은 신앙입니다.

그러나 그분은 살아나셨습니다!

"자기를 힘입어 하나님께 나아가는 자들을 온전히 구원하실 수 있으니 이는 그가 항상 살아 계셔서 그들을 위하여 간구하심이라." – 히브리서 7장 25절

스코틀랜드에서 50년 동안 말씀을 전하다 세상을 떠난 헨리 라이트 목사님은 세상을 떠나기 전 마지막 날 다음과

같은 시를 남겼습니다.

『날은 빨리 저물고 어둠이 짙어가는데
주님, 내 안에 거하소서.
아무도 나를 위로해 줄 수 없을 때
오직 나를 도와주실 수 있는 주여,
나와 함께 거하소서.

작은 인생은 썰물처럼 멀어가고
땅의 기쁨과 영광은 점점 희미해집니다.
변하지 않는 주님 내 속에 거하소서.
주님의 축복이 내 곁에 있으면
병도 힘을 못 쓰며 눈물도 쓰지 않습니다.

주님이 나와 함께 계시면
죽음도 무덤도 승리의 개가가 되리이다.
내 눈을 감기 전에 십자가를 보게 하소서.
하늘의 새벽이 밝아올 때
허망한 땅의 그늘은 사라질 것이오니
사나 죽으나 주님 내 속에 거하소서.』

찬송가 481장(통 531) 「때 저물어서 날이 어두니」의 가사
가 된 시입니다.

살아계신 주님을 체험한 사람은 평생 동안 사명을 붙잡고 살아갑니다.

사도 바울은 갈라디아서 2장 20절을 통해 이렇게 고백합니다.

"내가 그리스도와 함께 십자가에 못 박혔나니 그런즉 이제는 내가 사는 것이 아니요 오직 내 안에 그리스도께서 사시는 것이라 이제 내가 육체 가운데 사는 것은 나를 사랑하사 나를 위하여 자기 자신을 버리신 하나님의 아들을 믿는 믿음 안에서 사는 것이라."

내 안에 살아계신 그리스도를 믿는 믿음 안에서 날마다 승리하기를 주님의 이름으로 축원합니다.

우리는 살아계신 그리스도를 믿기에 오늘도 내일도 희망으로 살아갑니다. 믿음 안에서 매일매일 승리하는 우리가 될 수 있도록 기도합시다.

사랑으로 행하라

한 부자가 이웃을 위해 자신의 전 재산을 기부했다고 생각해 봅시다.

세상 모든 사람이 이 부자의 선행을 칭찬하고 존경할 것입니다. 자신의 전부를 남을 위해 베푸는 '선행'을 행했기 때문입니다. 만약 이 부자가 크리스천이라면 다른 성도들이 이 부자의 믿음이 대단하다고 여길 것입니다.

그러나 만약 사랑이 없다면 이 부자의 기부는 아무것도 아닌 헛된 먼지 같은 선행입니다. 복음을 전하기 위해 모진 고초를 견디며 세계를 돌아다닌 사도 바울은 자신의 모든 수고 역시 만약 사랑이 행한 것이 아니라면 "내가 아무것도 아니요"(고린도전서 13:2)라고 고백했습니다.

나누고, 베풀고, 섬기는 일은 중요합니다. 그러나 그보다 중요한 것은 바로 사랑입니다. 사랑이 동력이 되지 않으면 세상의 그 어떤 선행도, 즐거움도, 하나님을 향한 예배도 아무런 소용이 없는 헛일입니다.

시카고 무디성경학교의 총장이었던 조지 스위팅 목사님은 "크리스천의 삶에서 사랑을 빼면 아무것도 남지 않는다"라고 말했습니다.

당신의 마음에는 이런 사랑이 자리 잡고 있습니까?

우리의 섬김과 나눔, 예배는 사랑으로 이루어지고 있을까요?

우리 마음 안에 예수님이 계시지 않는다면, 우리의 삶 속에 성령님이 계시지 않는다면, 우리는 이런 사랑을 행할 수가 없습니다.

예수님이 기꺼이 천국의 영광을 떠나 우리의 구원을 위하여 십자가에 달리셨을 때, 우리에게 품으셨던 사랑이 바로 이러한 사랑입니다.

그리스도를 영접할 때 성령님이 우리를 내면에서부터 변화시키시고, 세상이 알 수 없는 하나님의 완전한 사랑을 경험하게 됩니다. 하나님을 모르고서는 결코 사랑을 알 수 없습니다.

하나님의 영을 떠나서는, 인간의 힘으로는 결코 끝이 없이 샘솟는 이기심, 질투, 시기로부터 자유로울 수 없기 때문입니다.

우리가 만나는 사람들이, 우리를 통해 그리스도의 사랑을 경험하고 있습니까?

매일 술에 취해 집으로 들어오는 아버지에게 학대를 당하던 소녀가 있었습니다. 아버지의 괴롭힘을 견디다 못해 도망친 소녀는 정신 병원에 들어갔습니다.

사람을 믿지 못해 근처에 누가 오기만 해도 소리를 지르고 공격하는 통에 제대로 된 치료를 받지도 못했습니다.

그런데 이 병원에서 오래 근무한 할머니 간호사만큼은 소녀를 포기하지 않았습니다. 할머니가 소녀를 위해 한 일은 별게 아니었습니다. 화단의 아름다운 꽃을 꺾어 방을 장식해 주고, 마주칠 때마다 환한 미소로 웃어주고, 재밌는 옛날이야기를 들려주는 사소한 것들이었습니다. 그러나 그 모든 행동에는 소녀를 향한 진실한 사랑이 담겨 있었습니다.

할머니의 사랑을 통해 변화된 소녀는 점점 증세가 호전되어 퇴원까지 할 수 있는 상태가 됐습니다. 그리고 할머니가 자신을 변화시켰던 것처럼 어렵고 힘든 상황에 처한 누군가를 사랑으로 돕고자 하는 꿈을 품고 열심히 공부했습니다. 삼중고의 천사 헬렌 켈러를 가르친 앤 설리반 선생님의 어린 시절 일화입니다.

설리반 선생님을 향한 할머니 간호사의 사랑이 없었다면, 헬렌 켈러도 존재할 수 없었을 것입니다. 사랑의 힘은 이토록 강력합니다. 한 사람의 인생을 변화시킬 강력한 힘은 오직 사랑을 통해서만 나옵니다. 바로 하나님의 사랑처럼 말입니다.

"사랑은 여기 있으니 우리가 하나님을 사랑한 것이 아니요 하나님이 우리를 사랑하사 우리 죄를 속하기 위하여 화목 제물로 그 아들을 보내셨음이라." – 요한1서 4장 10절

하나님의 사랑으로, 그리스도의 사랑으로 사랑하는 삶을 살기를 주님의 이름으로 축원합니다.

사랑은 힘이 셉니다. 죽을 사람을 살리기도 하고 때로는 전쟁을 멈추게도 합니다. 이렇게 힘이 센 사랑을 우리의 마음속에 꼭 붙들어야 합니다.

참된 우정의 비결

대문호 헤르만 헤세는 진실한 우정이 영혼을 성장시키고 깨끗하게 만든다고 말했습니다.

독일의 피아니스트 에센 바흐는 한 사람의 진실한 친구는 천 명의 적이 우리를 불행하게 만드는 것보다 더 큰 행복을 준다고 말했습니다.

세상을 살아가며 힘이 되는 많은 관계가 있지만 가까운 친구와 쌓은 우정만큼 큰 힘이 되는 것은 없습니다. 성경에 나오는 다윗과 요나단처럼 말입니다.

요나단은 자기 생명을 사랑함 같이 다윗을 사랑하였다고 했습니다. 다윗도 요나단과의 우정을 평생 잊지 않았습니다. 영국의 시인 사무엘 콜리지의 말대로 다윗과 요나단은 서로에게 '의지할 수 있는 피할 나무(sheltering tree)'가 되어 주었습니다.

친구는 곁에 있기만 해도 힘이 됩니다.

친구는 상대방이 불가능한 일에 도전해도 용기를 주고, 격려해 줍니다. 어려운 일과 마주칠 때 바로 생각나는 사람이 바로 친구입니다.

이처럼 진실한 우정을 쌓기 위해서는 먼저 주의해야 할 두 가지 사항이 있습니다.

● 첫 번째는 가슴으로 다가가야 합니다.

자주 만나고 시시콜콜한 얘기를 나눈다고 우정이 저절로 생겨나지는 않습니다. 진정한 우정은 한 번을 만나도 서로의 마음을 진실되게 나누는 가슴으로 만나는 관계를 통해 싹이 틉니다.

● 두 번째는 나무와 같은 사람이 되어야 합니다.

서로가 의지할 피난처가 되기 위해서는 내가 먼저 올바른 성품으로 우뚝 선 아름드리나무가 되어야 합니다. 이제 막 싹이 난 상태로 거목인 사람과 친구가 될 수는 없습니다. 의지할 수 있는 친구를 만나려면 나도 의지할 수 있는 사람이 되어야 합니다.

이런 만남으로 우정을 쌓은 사람은 서로에게 좋은 영향력을 끼칩니다. 뻗어 나간 가지들과 큰 그늘이 다른 사람들의 삶을 채우며, 안식처와 그늘과 휴식과 편안함과 용기를 줍니다.

국내의 한 성공한 중견 기업 경영자가 실무자와 함께 출장을 가던 중이었습니다. 비행기가 이륙하자 곰곰이 무언가를 생각하던 경영자가 질문을 던졌습니다.

"지금 만약 비행기가 추락해서 우리가 잘못되면 가족을 도와줄 수 있는 친구가 몇 명이나 떠오르세요?"

실무자는 망설임 없이 10명 정도 떠오른다고 대답했습니다. 이 말을 들은 경영자는 이미 성공한 인생이라며 매우 부러워했습니다. 자기는 비행기를 탈 때마다 같은 생각을 하는데, 아무리 떠올려도 3명을 채우기가 힘들었기 때문입니다.

남부러울 것 없는 위치에 오른 성공한 사람들도 진실한 친구를 부러워합니다. 세계 최고의 부자가 되어도 진실한 친구 한 명이 없다면 누구보다 외롭고 쓸쓸한 인생입니다.

위 이야기를 보고 저도 인간관계에 대해 다시 한번 돌아보았습니다.

앞으로 만나는 사람들과는 '머리'가 아닌 '가슴'으로 만나 우정을 쌓아가고 싶은 마음이 생겼습니다.

당신이 위 이야기와 동일한 질문을 받는다면 몇 명이라고 대답하겠습니까?

잠언 17장 17절은 우리에게 이렇게 교훈하고 있습니다.

"친구는 사랑이 끊어지지 아니하고 형제는 위급한 때를 위하여 났느니라."

끊임없는 사랑을 부어주는 진실한 친구, 위기의 순간에도 떠나지 않는 친구, 다윗과 요나단과 같은 우정을 위해 이제는 머리가 아닌 가슴으로, 바라기보다 주려는 마음으로 상대방에게 다가갑시다.

"…요나단의 마음이 다윗의 마음과 하나가 되어 요나단이 그를 자기 생명같이 사랑하니라." - 사무엘상 18장 1절

끊이지 않는 사랑으로, 위급할 때 함께 있어 주는 다윗과 요나단의 관계처럼 아름다운 관계를 만들어 가기를 주님의 이름으로 축원합니다.

각박한 세상이라고들 말합니다. 그럼에도 오늘 나는 누군가에게 머리가 아닌 가슴으로 만나는 친구인지 생각해 봅시다.

가정은 추억의 박물관입니다

채용공고에 '가족 같은 회사'라고 적혀 있는 회사는 무조건 안 좋은 회사니 거르라는 말이 있습니다.

요즘 유행하는 우스갯소리지만 그래도 한편으로는 하나님이 세우신 소중한 가정의 의미가 많이 퇴색된 것 같아서 신경이 쓰이기도 합니다.

요즘 우리 사회의 가정의 분위기는 어떻습니까?

우리가 속해 있는 가정의 분위기는 어떻습니까?

조사마다 조금씩 다르지만 최근 이혼율은 거의 50% 정도라고 합니다. 혼인신고를 한 부부 2명 중 1명이 이혼한다고 합니다. 이혼율이 높은 유럽은 어린 자녀들이 부모의 이혼으로 겪는 분리불안증이 사회적 문제로 떠오를 정도로 심각하다고 합니다.

가정은 하나님이 세우신 작은 교회이자 천국입니다.

또한 평생의 힘든 일들을 버티게 해주는 소중한 추억들을 쌓는 박물관입니다.

● 지금 우리가 속한 가정이 하나님이 세우신 소중한 믿음의 가정으로 세워지고 있는지 솔직하게 살펴보기 바랍니다.

● 지금 이 글을 읽고 있는 분이 부모라면 자녀를 위해 더 많은 시간을 내어야 합니다.

● 지금 이 글을 읽고 있는 분이 자녀라면 부모를 공경하며 존중해야 합니다.

● 지금 이 글을 읽고 있는 분이 안타깝게도 어떤 가정도 없다면 앞으로 하나님이 주실 소중한 가정을 세우기 위해 쥬비하며 노력해야 합니다.

하나님의 지혜를 구하면서 스스로에게 물어보십시오.

"어떻게 아버지의 역할을 올바로 감당할 수 있을까?"

"어떻게 어머니의 역할을 올바로 감당할 수 있을까?"

우리 부부의 문제, 자녀의 문제, 가정의 문제를 어떻게 지혜롭게 해결할 수 있을까에 대해 모든 가정의 어려움을 풀어주실 하나님께 간구하십시오.

부부가 연을 맺고 가족이 되고, 자녀가 자라나면서 함께 할 시간은 점점 줄어듭니다. 이 소중한 시간에 서로를 위한 아름다운 추억을 쌓아가기 위해 함께 노력하십시오. 가족의 관계를 통해 믿음, 사랑, 신뢰, 기쁨, 애환이 흘러가도록 우리 크리스천들이 먼저 노력해야 합니다.

어느 가장의 이야기입니다.

두 자녀를 위해 나름 신경을 쓴다고 썼는데 이상하게도 엄마 말만 듣고 아빠 말은 귓등으로도 안 들었다고 합니다. 엄마를 위해서는 궂은 집안일도 손수 발 벗고 나섰지만, 아빠가 같이 놀러 가자고 말해도 시큰둥하게 반응했다고 합니다. 나중에 알고 보니 어린 시절 바쁜 아빠와 많은 시간을 보내지 못한 아이들이 아빠를 서먹하게 여겼던 것입니다. 그 뒤로 아빠는 아이들과 많은 시간을 보내려고 했지만 이미 커버린 아이들의 마음을 돌리기 위해서는 더 많은 시간과 노력이 필요했다고 합니다.

평생을 선교와 복음 전파에 헌신하신 국내의 한 유명한 목사님도 이와 비슷한 상황에 처하셨습니다. 하나님은 목사님에게 아이들과 많은 시간이 아닌, 깊은 시간을 보내라는 지혜를 주셨습니다. 목사님은 사역하며 짬이 날 때마다 자녀들과 특별한 추억을 쌓기 위해 노력하셨고, 그 결과 아이들이 자라나서도 돈독한 관계를 유지할 수 있었습니다. 하나님이 주신 사명과 가정 둘 다 지켜낼 수 있었던 것은 물론입니다.

성경은 잠언 27장 23절에서 이렇게 말씀합니다.

"네 양 떼의 형편을 부지런히 살피며 네 소 떼에게 마음을 두라."

하나님이 주신 양 떼와 소 떼도 이렇게 부지런히 살펴야 할진대 하물며 사랑하는 가정은 어떻게 살펴야 하겠습니까?

주말 또는 연휴, 함께 할 시간이 날 때마다 하나님이 주신 믿음과 지혜로 아름다운 추억들을 쌓아가는 가정이 되기를 주님의 이름으로 축원합니다.

우리는 누군가 필요로 할 때 함께 있어 주는 사람입니까? 아무리 바빠도 가족, 친구와 함께 좋은 추억을 만들 수 있도록 노력합시다.

돈이 아닌 사명을!

"돈으로 행복을 살 수 없다면, 돈이 부족한 것은 아닌지 생각해 봐라"라는 말이 있습니다.

교육청의 설문 조사에 따르면 요즘 10대 학생들 51%는 10억만 준다면 감옥에도 갈 수 있다고 합니다. 세상 사람들은 돈만 있으면 된다고 생각합니다. 시대가 흐를수록 물질 만능주의 현상은 점점 심해질 것입니다.

그러나 정말로 돈으로 모든 것을 할 수 있다고 생각하는 사람은 참으로 미련한 사람입니다. 진정한 행복을 절대 누릴 수 없는 사람입니다. 아무리 많은 돈을 지불해도 가질 수 없는 것이 세상엔 정말로 많기 때문입니다.

이런 시를 읽었습니다.
● 돈으로 약을 살 수는 있지만

건강을 살 수는 없습니다.
- ● 돈으로 집을 살 수는 있지만
  행복한 가정을 살 수는 없습니다.
- ● 돈으로 사람을 살 수는 있지만
  진정한 친구를 살 수는 없습니다.
- ● 돈으로 음식을 살 수는 있지만
  식욕을 살 수는 없습니다.
- ● 돈으로 침대를 살 수는 있지만
  숙면을 살 수는 없습니다.
- ● 돈으로 풍족한 삶을 살 수는 있지만
  영생을 살 수는 없습니다.

정말로 중요한 것은 오히려 돈으로 살 수 없습니다. 로마의 정치가 세네카는 돈에 대해 이런 말을 남겼습니다.

"돈은 지금까지 그 누구도 부자로 만들어주지 못했다."

맞습니다. 오직 하나님만이 우리에게 '모든 것을 후히 주사 누리게' 하실 수 있는 분입니다.

"지혜를 얻는 것이 금을 얻는 것보다 얼마나 나은고 명철을 얻는 것이 은을 얻는 것보다 더욱 나으니라." – 잠언 16장 16절

노벨상을 수상한 천재 물리학자 리처드 파인만은 교수로 역임할 대학을 고를 때 연봉에 대해서는 일절 묻지 않았다고

합니다. 오히려 연봉을 많이 주는 곳은 피했다고 합니다. 그 이유는 돈이 많아지면 누릴 것이 많아지고, 누릴 것이 많아지면 시간이 부족해져서 자기가 가장 좋아하는 '물리학'을 연구할 수 없기 때문이었습니다.

세상 사람들은 파인만의 선택 역시 미련하다고 손가락질 할지 모릅니다. 그러나 파인만은 진정한 행복이 돈에 걸려 있지 않다는 걸 깨달은 지혜로운 사람이었습니다.

사도 바울은 로마서 6장 13절을 통해 우리에게 이렇게 말하고 있습니다.

"또한 너희 지체를 불의의 무기로 죄에게 내주지 말고 오직 너희 자신을 죽은 자 가운데서 다시 살아난 자 같이 하나님께 드리며 너희 지체를 의의 무기로 하나님께 드리라."

우리의 지체를 욕심을 따라 불의의 무기로 죄에게 내주지 아니하고 하나님의 뜻을 따라 하나님께 드리기로, 하나님의 영광을 위하여 사용되는 의의 도구로 드리기로 결심하기를 주님의 이름으로 축원합니다.

우리가 정한 삶의 목표는 무엇입니까? 그리고 지금 목표를 향해 달려가고 있습니까? 욕심이 아닌 목표를 향한 삶을 살고 있는지 생각해 봅시다.

삶을 바꾸는 감사 한 소절

하루에 얼마나 감사하면서 살고 있습니까?

어제 하루를 돌아보십시오.

몇 번이나 감사했는지, 감사와 불평 중 어떤 감정 표현이 더 많았는지 생각해 보십시오.

사도 바울은 세상 누구보다도 불평할 일이 많았던 사람입니다. 부당하게 고소를 당하고, 한두 대만 더 맞으면 죽을 뻔한 매질을 몇 번이나 당하고, 모든 친구와 로마 시민의 권리조차 잃고, 이역만리 먼 곳에 복음 하나 전하려고 달려갔다가 오히려 옥에 갇혔습니다.

이런 비참한 상황에서 사도 바울의 입술에서는 불평이 아닌 찬양과 감사의 말이 흘러나왔습니다.

사도 바울은 오히려 역경을 통해 진정한 감사가 무엇인

지를 배웠습니다. 감옥에서 쓴 에베소서를 살펴보면 이 사실을 분명히 알 수 있습니다. 에베소서 5장을 보면 바울은 감옥 밖에서 자유롭게 살고 있는 성도들에게 다음과 같이 권고합니다.

> "시와 찬송과 신령한 노래들로 서로 화답하며 너희의 마음으로 주께 노래하며 찬송하며 범사에 우리 주 예수 그리스도의 이름으로 항상 아버지 하나님께 감사하며." - 에베소서 5장 19-20절

한번 생각해 보십시오.

상황이 어떠하든지 "범사에… 항상 아버지 하나님께 감사하며"라고 했습니다. 아마도 그를 지키던 병사들이 이 편지를 봤다면 영락없이 바울이 미쳤다고 생각했을 것입니다.

그러나 어떤 것도 그를 멈추게 할 수 없었습니다.

바울에게 있어 감사는 어떤 상황에서도 찬양할 수 있는 마음의 평안을 가져다주는 해답이었습니다.

우리의 삶에도 이런 감사가 있기를 진정으로 소망합니다.

만나는 사람에게뿐만 아니라 진행하는 일마다 "감사합니다", "고맙습니다"를 습관처럼 붙이기로 결심한 사람이 있었다고 합니다. 처음에는 말을 입에 붙이기가 참으로 어려웠는데 어떤 사람은 "뜬금없이 뭐가 감사해요?"라며 되레

화를 내기도 했다고 합니다. 그러나 조금씩 감사에 익숙해지자 인생은 점점 풍요해졌다고 합니다. 잘 풀리지 않을 일도 뜻밖의 도움을 받게 됐고, 기분 나쁜 일을 당해도 곧 추스르게 됐습니다. 무엇보다 중요한 것은 감사를 표현함으로 자기 자신의 삶이 더욱 행복해졌다고 합니다.

감사는 해본 사람만이 알게 되는, 인생을 행복하게 만드는 진정한 열쇠입니다.

사도 바울은 데살로니가전서 5장 16-18절에서 이렇게 말하고 있습니다.

"항상 기뻐하라
쉬지 말고 기도하라
범사에 감사하라
이것이 그리스도 예수 안에서 너희를 향하신 하나님의 뜻이니라."

모든 일에 감사하는 사람은, 어떤 상황에서도 행복할 수 있는 사람입니다.
모든 일에 감사하기를 주님의 이름으로 축원합니다.

> 감사의 마음으로 사는 사람과 그렇지 않은 사람의 삶은 하늘과 땅 차이입니다. 작은 일에도 감사할 수 있는 사람이 되도록 노력합시다.

무릎으로 품는 고통

크리스천의 삶에 찾아오는 고통을 우리는 어떻게 받아들여야 할까요?

C.S. 루이스는 자신의 저서 『고통의 문제』에서 다음과 같이 말했습니다.

"하나님은 인간의 쾌락에 대해서는 세미한 음성으로 속삭이신다. 그러나 우리의 고통에 대해서는 소리치신다. 고통은 죽어 있는 세계를 깨우는 하나님의 확성기인 것이다."

당시 C.S. 루이스는 사랑하는 아내를 잃고 고통 가운데 몸부림치고 있었습니다. 하나님을 떠날 정도로 괴로워했던 루이스는 결국 믿음으로 모든 것을 극복하고 이 책을 썼다고 합니다.

로키산맥 해발 3,000m부터는 '수목 한계선 지대'입니다.

산소도 희박하고 땅도 척박해서 제대로 식물이 자라나지 못하기 때문입니다.

간혹 자라나는 강인한 생명력의 나무들이 있지만 강한 바람 때문에 곧게 자라지 못하고 마치 무릎을 꿇고 있는 듯한 형상을 하고 있습니다.

제대로 자라지도 못하고, 볼품없는 모양을 하고 있어 아무런 쓸모없는 나무처럼 보이지만, 세계에서 최고로 비싼 바이올린 스트라디바리우스는 바로 수목 한계선 지대에서 자란 나무로만 만들 수 있습니다.

인생의 절묘한 선율을 내는 아름나운 영혼을 가진 사람들은 고난 없이 평탄한 인생을 살아온 사람들이 아니라, 온갖 역경과 아픔을 겪은 사람들입니다.

수목 한계선에서 자라나는 나무처럼 고통의 풍파가 찾아올 때 주님 앞에 무릎을 꿇고 버티십시오. 세상에서 가장 아름다운 소리를 내는 선율을 내는 삶으로 주님이 우리의 인생을 만져주실 것입니다.

기도할 수 있다면 아직 희망이 있습니다.
어떤 상황에서도 우리는 기도할 수 있습니다.

우리가 기도로 의지하는 분은 전능하신 하나님이십니다.

만왕의 왕, 만군의 하나님이십니다.
하나님은 우리의 기도를 원하십니다.
하나님은 우리의 기도를 통해 일하십니다.

아이가 없어 괴로워했던 한나의 기도를 보십시오.
브닌나의 핍박으로 고통스러웠던 한나는 그 고통을 기도로 품었습니다.
그 기도는 애절한 기도였습니다. 한 맺힌 기도였습니다.
눈물을 흘리지 않고는 버틸 수 없는 고통의 기도였습니다.
하나님은 한나의 눈물을 사무엘이라는 진주로 바꾸어 주셨습니다.

고통 중에 더욱 기도합시다.
오직 하나님만 붙듭시다.

예수님은 우리의 기도를 결코 흘려듣지 않으신다고 분명히 말씀하셨습니다.

"하나님께서 그 밤낮 부르짖는 택하신 자들의 원한을 풀어 주지 아

니하시겠느냐 그들에게 오래 참으시겠느냐." – 누가복음 18장 7절

고통을 기도로 품고 간구하기를 주님의 이름으로 축원
합니다.

> 우리는 언제 어디서나 기도하는 사람이 되어야 합니다. 기도로 주님
> 께 아뢰고 기도로 주님께 응답받아야 합니다.

3부

은 쟁반에 금 사과 같은 말

한 사람의 생각과 삶은 말을 통해 나타납니다.

이제 막 투자를 시작한 사람을 만나면 하루 종일 부동산, 주식 얘기만 합니다. 이제 막 사랑을 시작한 사람은 하루 종일 연인 얘기만 합니다.

인생이 행복한 사람은 누구를 만나도 칭찬을 하며, 반대로 인생이 불행한 사람은 누구를 만나도 부정적인 얘기만 합니다.

기원후 2세기의 철학자이자 역사가인 켈수스는 초대 크리스천들에 대해 다음과 같은 글을 남겼습니다.

"그들, 끊임없이 예수에 대해서만 말한다!"

말은 말하는 사람을 가장 잘 표현해 주는 수단입니다.

같은 지적을 해도 상대방을 배려하며, 지혜롭고 온유하게 하는 사람이 있는가 하면, 칭찬을 해도 상대방 기분을 상하게 하는 사람이 있습니다.

별안간 툭 던진 말에 마음이 상해 며칠이나 고생한 경험이 누구에게나 있을 것입니다. 누구나 말을 할 수 있지만, 제대로 말을 하는 일은 정말로 쉽지 않습니다. 그러나 말 한마디에는 너무나 큰 힘이 있기에 우리는 하나님께 말을 잘 할 수 있는 지혜를 구해야 합니다.

잠언 25장 11절에는 합당한 말의 가치가 얼마나 귀한 것인지 나와 있습니다.

"경우에 합당한 말은 아로새긴 은 쟁반에 금 사과니라."

미국 애리조나주에는 '화석의 숲'이라는 국립공원이 있습니다. 고대의 화산 폭발로 그곳에는 지금도 화석이 지천에 널려 있습니다. 이런 이유로 방문객들은 기념으로 화석 조각을 하나씩 주워가곤 합니다. 문제는 방문객이 너무 많다 보니 1년에 사라지는 화석 조각이 14톤이 넘었습니다. 이런 추세라면 100년도 안 되어 숲에 있는 모든 화석이 다 사라질 위기였습니다.

애리조나 주립대학교는 이런 사태를 막기 위해 산책로 곳곳에 다음과 같은 표지판을 세웠습니다.

"당신이 화석을 가져가면 공원의 자연이 파괴됩니다."

그런데 표지판을 세우고 난 뒤 화석의 분실률이 8%로

늘어났습니다. 표지판을 세우지 않았을 때는 3%였습니다.

한 직원의 제안으로 표지판에 적힌 글을 다음과 같이 바꾸자 다행히 분실률이 1%대로 떨어졌습니다.

"숲을 보전할 수 있도록 화석을 가져가지 말아주시면 감사하겠습니다."

같은 뜻이라도 부드럽고 온화한 말 한마디가 사람들의 마음을 움직인 것입니다.

그렇습니다. 이처럼 우리는 말을 지혜롭게 해야 합니다.

내 감정, 내 생각, 내 시선이 아니라, 말씀이 가르치는 지혜로 상대방에게 즐거움과 기쁨이 되는, 덕을 세우는 말이 무엇인지를 분별해서 해야 합니다.

"사람은 그 입의 대답으로 말미암아 기쁨을 얻나니 때에 맞는 말이 얼마나 아름다운고." – 잠언 15장 23절

그러므로 때에 맞는 말, 긍정적인 말을 하여 다른 사람으로 변화된 삶을 살게 하기를 주님의 이름으로 축원합니다.

> 말은 세상의 무엇보다 힘이 강합니다. 상처 주는 말이 아니라 긍정적인 말로 희망과 사랑을 전하는 크리스천이 됩시다.

더 좋은 길로 인도하십니다

주님을 선한 목자로 믿고 따른다면 전적으로 주님을 신뢰하고 사십니까?

하나님께서 우리 삶의 모든 걸음을 인도하시고,

우리의 기대를 뛰어넘어 일하시는 분임을 믿습니까?

설령 지금 우리가 걷고 있는 길이 가시밭, 돌밭, 모래밭과 같은 고난의 길이라 하더라도 주님을 향한 신뢰에는 변함이 없습니까?

성경은 요셉의 삶을 하나님이 "형통하게 하셨다"라고 말하고 있습니다.

그런데 이 형통은 일반적인 형통이 아닙니다.

형들에게 죽을 뻔한 위기를 당하고, 먼 이방 땅으로 끌려가 노예가 되고, 다시 누명을 쓰고 옥에 갇히는 와중에 경험한 형통입니다.

다윗의 고백처럼 지금 사망의 골짜기를 지난다 하더라도, 좁은 문을 선택했다 하더라도, 요셉처럼 구덩이에 빠졌다 하더라도 하나님이 나를 푸른 초장으로 인도해 주실 것이라는 믿음을 가진 사람이 하나님의 형통케 하심을 경험하는 사람입니다.

이스라엘에 이제 막 결혼을 한 젊은 부부가 있었습니다.

하루는 유명한 랍비가 이 부부를 찾아와 축복의 예언을 했습니다.

"지금 당장 길을 나서십시오. 당신들이 가는 길 가운데 축복이 있을 것입니다. 길은 나날이 더 좋아질 것이며 여행의 끝에 찬란한 아름다움이 있을 것입니다."

이 말을 들은 부부는 당장 길을 나섰습니다.

랍비가 알려준 길은 순탄치 않았습니다. 가시밭길이 있었고, 모래바람이 몰아치는 광야가 있었습니다. 수풀이 우거진 정글과 메마른 땅을 지나 마침내 다시 고향으로 돌아왔습니다.

랍비가 말한 축복의 길은 무엇이었을까요?

이 부부는 오랜 여행 끝에 서로 의지하며 사랑하는 법을 배웠고, 희생하는 법을 배웠습니다. 어떤 위협에도 주님이 자신들을 지켜준다는 확신을 가졌습니다. 랍비가 말한 축복의 길은 평탄하고 아름다운 길이 아닌, 사람의 영혼과 정신을 성장시키는 길이었습니다.

하나님을 만나고, 의지하고, 인도하심을 따르는 크리스천의 삶!

우리의 인생은 바로 이런 모습일 것입니다.

사도 바울은 하나님이 주신 사명을 따라 한평생 걸어온 자신의 인생길을 돌아보며 이렇게 고백했습니다.

"나는 선한 싸움을 싸우고 나의 달려갈 길을 마치고 믿음을 지켰으니 이제 후로는 나를 위하여 의의 면류관이 예비되었으므로 주 곧 의로 우신 재판장이 그날에 내게 주실 것이며 내게만 아니라 주의 나타나심을 사모하는 모든 자에게도니라." – 디모데후서 4장 7-8절

우리는 인생의 순간순간을 어떻게 살아야 할까요?

삶의 마지막까지 거룩한 소명과 최선의 섬김을 다하여 달려가기를 주님의 이름으로 축원합니다.

험난하고 두렵고 힘든 인생이지만 우리의 삶을 인도하시는 주님만을 의지한다면 새록새록 희망이 솟아날 것입니다. 힘들다고 포기하지 마십시오.

23

나를 단련하신 후에는…

서양 격언 중에 이런 말이 있습니다.

"누구나 결국 죽는다는 사실을 알고 있다.

그러나 정말로 죽기를 원하는 사람은 없다."

우리는 인생을 살아가며 고난과 시련이 누구에게나 찾아오는다는 사실을 알고 있습니다. 그러나 고난과 시련을 달가워하는 사람은 없습니다. 죽음과 같이, 피할 수 없음을 알면서도 되도록 피하고, 때로는 이미 온 고난을 외면하곤 합니다.

크리스천이라 하더라도 고난을 바라는 사람은 단 한 명도 없습니다.

그러나 크리스천이라 하더라도 삶에 고난이 찾아옵니다. 그리고 주님이 주시는 이겨낼 은혜도 함께 찾아옵니다.

죽음보다 크신 생명의 주님이 부활하신 것처럼, 우리가 마주한 고난보다 큰 능력의 주님이 계시기에 어떤 고난이 찾아와도 우리는 다음과 같이 고백할 수 있습니다.

"끝까지 포기하지 않을 거예요."

"끝까지 낙심하지 않을 거예요."

"끝까지 절망하지 않을 거예요."

그것은 우리가 극복할 힘과 능력을 받았기 때문입니다.

그리고 결국 우리의 인생은 해피엔딩으로 끝나는 영화임을 알기 때문입니다.

몸을 단련하는 운동선수들은 보통 사람들은 하루도 버티기 힘든 훈련을 하루도 빼먹지 않습니다. 힘든 훈련이 몸에 적응되면, 더 힘든 훈련을 받고, 그 훈련이 적응되면 또 더 힘든 훈련을 찾아 받습니다. 고된 훈련 외에 실력을 향상시킬 수 있는 방법은 다른 방법이 없기 때문입니다. 고난은 이처럼 우리의 육체를, 때로는 정신을, 때로는 믿음을 연단하며 더 강하게 만들어줍니다.

무작정 글이 좋아 국문과에 지원했다가 3수를 한 학생이 있었습니다.

"국문과도 못 붙으면서 무슨 소설을 쓰냐?"라는 주변의 반응에 오기가 생겨 한 번 더 지원했지만 그마저도 떨어졌습니다.

어린 나이에 마음이 답답해, 이제 죽는 수밖에 없다는 생각이 들었습니다. 눈물을 뚝뚝 흘리며 유서를 쓰는 도중 한

통의 전화가 걸려왔습니다. 합격자 2명이 입학을 포기해 예비로 합격됐다는 연락이었습니다. 아마 한 번에 합격했으면 정작 대학에 가서는 글을 쓰지 않았을지도 모릅니다.

그러나 3수 만에 가까스로 대학에 합격한 이 학생은 대학에 가서도 모든 글을 그때 유서를 쓰는 심정으로 절박하게, 열과 성을 다해 써나갔고, 국문과 박사학위를 따고, 유명한 소설가가 됐습니다. 「물살」로 등단해 한민족대상을 받은 소설가 김홍신 씨의 이야기입니다.

지금 어떤 어려움도 아름다운 인생을 위한 단련이라고 생각합시다.

"그러나 내가 가는 길을 그가 아시나니 그가 나를 단련하신 후에는 내가 순금같이 되어 나오리라." – 욥기 23장 10절

지금의 어려움, 지금의 고난이 나를 단련시켜 순금과 같은 사람으로 변화시킵니다. "나는 하나님의 도우심으로 어떤 고난도 이겨낼 수 있다"라는 믿음으로 포기하지 않고 끝까지 인내하며 나아가기를 주님의 이름으로 축원합니다.

> 우리는 능력이 없어 포기하는 것이 아니라 희망이 없어 포기하는 것입니다. 고난 중에도 우리의 영원한 희망이신 주님만을 붙드십시오.

예수님의 생명이 내 안에

예수님이 십자가에서 죽으시고 무덤에 묻히신지 사흘째 되던 날을 마태복음 28장은 다음과 같이 기록하고 있습니다.

"큰 지진이 나며 주의 천사가 하늘로부터 내려와 돌을 굴려 내고 그 위에 앉았는데 그 형상이 번개 같고 그 옷은 눈같이 희거늘 지키던 자들이 그를 무서워하여 떨며 죽은 사람과 같이 되었더라." – 마태복음 28 장 2-4절

마리아가 무덤 속을 들여다보자, 두 천사가 예수의 시체 뉘었던 곳에 하나는 머리 편에, 하나는 발 편에 앉아 있었습니다(요한복음 20:12).

무덤 밖에 앉아 있던 한 천사가 이 순간 세상에서 결코 일어날 수 없는 놀라운 능력의 한 마디를 선포했습니다.

"그가 여기 계시지 않고 그가 말씀하시던 대로 살아나셨느니라." – 마태복음 28장 6절

이 한마디의 말이 우주의 역사를 바꾸었습니다.

예수님의 부활로 어두움과 절망은 죽었습니다.

죄로 점철된 세상에 한 줄기 빛이 비치었습니다.

예수님이 완성하신 구원의 사역입니다.

복음으로 말미암아 사람의 마음마다 영원한 기쁨과 새로운 생명이 생겨납니다.

이 예수님이 우리가 믿는 예수님입니다.

이 복음이 우리가 믿는 복음입니다.

죽음도 이기시고 날 위해 부활하신 능력의 예수님을 믿으십시오.

예수님을 말구유나 십자가, 혹은 무덤에 계신 채로 버려두지 마십시오.

주 예수님은 말씀대로 살아나셨고, 매일매일 우리와 함께 하기를 원하십니다. 이 능력이 매일 우리에게 살아갈 힘을 줍니다.

미국 플로리다주에 사는 로라 슐츠라는 부인이 손자와 함께 산책 중이었습니다. 그런데 잠깐 한눈을 판 사이 손자의 팔이 승용차에 깔리는 끔찍한 일이 일어났습니다.

사랑하는 손자를 구하고자 하는 마음에 부인은 119에 신고하기도 전에, 누군가에게 도움을 구하기도 전에 바로 차로 달려가 있는 힘을 다해 들어 올렸습니다.

태어나서 무거운 건 들어본 적도 없었던 63세의 할머니가 그 무거운 승용차를 혼자서 들 수 있을 리가 없었습니다. 그런데 그 믿을 수 없는 일이 일어났습니다. 슐츠 부인은 어디서 괴력이 솟아났는지 차를 들어내 손자를 무사히 구출했습니다. 손자를 향한 할머니의 사랑이라는 말 외에는 도저히 설명할 수 없는 기적이었습니다.

우리의 삶에서 예수님의 능력을 경험할 수 없는 이유는 무엇일까요?
시간이 없어서, 나이가 너무 많아서, 능력이 없어서가 아닙니다.
주님의 능력, 주님이 주신 능력, 지금도 우리 안에 있는 살아있는 능력을 믿지 못하기 때문이 아닐까요?

사도 바울은 골로새 교회와 빌립보 교회의 성도들에게 다음과 같이 살아있는 하나님의 능력을 고백했습니다.

"이를 위하여 나도 내 속에서 능력으로 역사하시는 이의 역사를 따라 힘을 다하여 수고하노라." - 골로새서 1장 29절

"내게 능력 주시는 자 안에서 내가 모든 것을 할 수 있느니라." – 빌립보서 4장 13절

부활하셔서 지금도 내 속에서 역사하시는 하나님의 능력이 있기에 힘을 다하여 수고로 사명을 감당해야 합니다. 내게 능력 주시는 주님 안에서 모든 것을 할 수 있습니다.

살아있는 하나님의 능력을 경험하는 삶을 살아가기를 주님의 이름으로 축원합니다.

> 나이가 많아서 늙는 것이 아니라 꿈을 포기하는 순간 우리의 삶은 늙어갑니다. 주님의 능력이 함께 하심을 믿고 가슴에 희망을 품읍시다.

멋진 미래의 필수 요소

"2등은 아무도 기억하지 않는다."

한국 최고의 기업에서 사용했던 광고 카피입니다.

최고를 추구하겠다는 기업의 각오를 녹여낸 카피기도 하지만, 사실 대부분의 사람들이 1등이 되기 위해서 살아갑니다.

10명이 살아가든, 100명이 살아가든 1등은 한 명일 수밖에 없습니다. 모두가 1등이 될 수 없기에 사람들은 더 열심히 노력하고, 더 빨리, 더 강하게, 경쟁력을 갖추려고 합니다. 때때로 어떤 사람들은 서슴없이 불법을 행하기도 합니다.

돈이든, 자유든, 시간이든, 사람은 무언가를 추구하며 살아갑니다.

그 분야에서 최고가 되려고 노력합니다.

당신은 무엇을 위해, 어떤 노력을 하며 살아가고 있습니까?

과도한 경쟁, 승진과 돈이 최고인 삶을 살고 있습니까?

혹은 오늘만의 만족을 추구하며 살아가고 있습니까?

가장 중요한 믿음, 비전, 사랑이 빠져있다면 어떤 삶도 정답이 아닙니다.

세상은 우리를 향해 더 빨리, 더 높이, 더 강해지기 위한 방법들을 추구하라고 말합니다. 쾌락이 인생의 전부라고 말합니다. 세상의 잘못된 철학과 가치관들은 우리를 집어삼킵니다.

이런 말들을 절대로 믿지 마십시오.

하나님은 우리를 그런 존재로 창조하지 않으셨습니다.

영국의 한 광고 회사에서 다음과 같은 퀴즈를 낸 적이 있습니다.

"에든버러에서 런던까지 가장 빨리 가는 방법은 무엇일까요?"

1등에게는 거액의 상금이 걸려 있었습니다.

수많은 사람들이 정답을 보냈는데 그중에 1등으로 뽑힌 답은 다음과 같았습니다.

"사랑하는 사람과 동행하기"

사랑하는 사람이 곁에 있다고 속도가 빨라지거나, 뾰족한 수가 생기지는 않습니다. 그러나 시간이 언제 갔는지도 모를 만큼 금세 도착해 있을 것이며, 그 시간은 다른 무엇과도 바꿀 수 없을 만큼 행복으로 가득할 것입니다.

크리스천이 추구해야 할 인생이 바로 이런 인생입니다.

어디로 가느냐, 얼마만큼 올라가느냐, 얼마나 인정받느냐가 아니라 내 인생에 '하나님이 함께 하느냐?'가 우리의 초점입니다.

지금 당신의 삶이 답답하고 불만족스럽습니까?

더 나은 삶, 성공한 삶을 바라십니까?

그렇다면 그런 삶을 위해 노력하고 있습니까?

우리의 삶이 불만족스러운 것은 세상이 말하는 다른 어떤 요소가 부족해서가 아니라 바로 주님과 동행하지 않기 때문입니다.

사도 바울의 고백처럼 우리도 훗날 이렇게 말할 수 있어야 합니다.

"나는 선한 싸움을 싸우고 나의 달려갈 길을 마치고 믿음을 지켰으니

이제 후로는 나를 위하여 의의 면류관이 예비 되었으므로 주 곧 의로 우신 재판장이 그날에 내게 주실 것이며 내게만 아니라 주의 나타나심을 사모하는 모든 자에게도니라." – 디모데후서 4장 7~8절

세상이 가리키는 방향으로 달려가지 말고, 주님이 인도하는 푯대를 향하여, 주님과 함께 하기를 소망하는 삶이 되기를 주님의 이름으로 축원합니다.

성공과 실패만을 바라본다면 행복한 삶은 없을 수도 있습니다. 오직 주님만을 바라보며 매일매일을 희망으로 가득 채웁시다.

26

주님께서 가르쳐 주신 그대로

「실낙원」의 저자 밀턴은 "회개는 영원의 궁전으로 갈 수 있는 문을 여는 황금 열쇠다"라고 말했습니다.

종교개혁을 일으킨 마틴 루터는 "참된 회개를 한 사람은 같은 죄를 짓지 않는다"라고 말했습니다.

구원받기 위해서는 복음을 믿어야 하고, 복음을 믿기 위해서는 회개가 선행돼야 합니다.

당신은 구원받았습니까?

정말로 회개했습니까?

더 근본적으로 들어가 당신은 회개가 무엇이라고 생각하십니까?

신앙은 누구든 인생의 터닝포인트를 맞이할 때 시작됩니다.

회심은 근본적으로 우리의 삶의 주권을 나에게서 주님에게로 옮기는 과정입니다. 믿기 전과는 전혀 다른 삶의 방식으로, 주님의 나라의 질서와 리듬을 따라 살아가야 합니다.

바로 주님이 가르쳐주신 기도처럼 말입니다.

성도의 삶이 무엇인지, 우리가 어떻게 기도하며, 살아가야 하는지 알려주기 위해 주님은 우리에게 '주님께서 가르쳐주신 기도문'을 주셨습니다.

우리는 모든 모임과 예배마다 이 기도문을 읊조리지만 정작 그 뜻을 깊이 묵상하지도 않고, 그 뜻대로 살아가지도 않고 하나의 주문처럼 기도문을 외우곤 합니다.

우루과이의 한 교회 예배당에는 다음과 같은 주기도문에 관한 글이 적혀 있다고 합니다.

우리의 방만한 삶에 경종을 울리는 이야기입니다.

『세상에만 빠져 있으면서
"하늘에 계신 아버지"라고 고백하지 마십시오.
자기 이름만 높이려고 하면서
"아버지의 이름을 거룩히 여김을 받으시고"라고
고백하지 마십시오.

내 뜻대로 되기만을 기도하면서
"아버지의 뜻을 이루소서"라고 고백하지 마십시오.
욕심부리는 기도만 하면서
"일용할 양식을 주소서"라고 고백하지 마십시오.

다른 사람을 미워하는 마음을 품고 있으면서
"우리의 죄를 사하여 주소서"라고 고백하지 마십시오.
죄지을 기회를 찾아다니면서
"우리를 시험에 들게 마옵소서"라고 하지 마십시오.

말씀을 진실로 믿지도 않으면서
"아멘"으로 올려드리지 마십시오.』

주님은 마태복음 6장 33절을 통해 우리에게 이렇게 말씀하고 계십니다.

"너희는 먼저 그의 나라와 그의 의를 구하라 그리하면 이 모든 것을 너희에게 더하시리라."

주님이 가르쳐주신 그대로 기도하십시오.
주님이 가르쳐주신 그대로 살아가십시오.
주님의 나라의 뜻을 구할 때, 주님이 모든 것을 책임져주심을 믿으십시오.

주님이 가르쳐주신 기도대로 바라며, 먼저 주님의 나라와
주님의 의를 구하는 회개에 합당한 삶을 살기를 주님의 이름
으로 축원합니다.

주기도문을 외울 때 그 의미를 새겨본 적이 있습니까? 초심으로 돌아
가 주기도문의 의미를 다시 한번 새겨봅시다.

나의 전부를 드리십시오

'솔리 데오 글로리아(Soli Deo Gloria)'라는 말은 '오직 하나님께 영광을'이라는 뜻의 라틴어입니다.

신앙생활을 오래 했다면 어디서든 한 번쯤은 들어봤을 문장입니다.

그런데 이 단어는 다음의 4개 문장과 같이 이어져야 합니다.

'오직 성경(Sola Scripture)', '오직 은혜(Sola Gratia)', '오직 믿음(Sola Fide)', '오직 그리스도(Slous Christus)'.

'솔리 데오 글로리아'와 함께 이 5가지 문구가 종교개혁의 5대 원리입니다.

오직 하나님께 영광을 드리기 위해서는, 오직 성경, 오직 은혜, 오직 믿음, 오직 그리스도의 자세로 살아가야 합니다.

성경에는 아브라함, 욥과 같은 부자도 나오고, 도르가, 바울 같은 가난한 사람들도 나옵니다. 돈을 많이 버느냐, 아니냐, 사회적으로 성공했느냐, 아니냐 가 중요한 것이 아니라 그 모든 삶의 계획이 '하나님의 영광을' 위한 일이냐, 아니냐가 중요한 일입니다. 크리스천인 우리는 응당 우리 삶의 전부를 주님께 드려야 합니다. 하나님께서 가장 귀한 독생자를 우리에게 주셨듯이 말입니다.

당신이 가진 모든 것을 하나님께 드리고, 그분이 당신에게 필요한 모든 것을 돌려주시리라는 것을 믿기 바랍니다.

성경에는 종교개혁의 5대 원리처럼 모든 것을 주님께 드린 두 여인이 나옵니다.
한 명은 예수님의 발에 지극히 비싼 향유를 한 근이나 부었던 마리아입니다. 돈 욕심이 많던 가룟 유다가 따질 정도로 비싼 향유였지만 마리아는 이 향유를 예수님을 위해 아낌없이 드렸습니다.

또 다른 여인은 두 렙돈을 드린 과부입니다.
자신의 모든 것을 드린 과부의 두 렙돈을 하나님께서는 부자의 많은 돈보다 더 귀하게 받으신다고 주님은 말씀하셨습니다. 두 렙돈은 오늘날의 돈으로 천 원 정도의 가치입니다.

두 여인은 자신이 드릴 수 있는 전부를 주님을 위해 드렸습니다. 그리고 마가복음 14장 9절 말씀처럼 이 여인들이 행한 일은 지금도 성경에 기록되어, 복음이 전파되는 곳 어디든지 전파되고 있습니다.

당신은 주님께 무엇을 드리겠습니까?
작으면 작은 대로, 크면 큰 대로 전부를 드릴 수 있겠습니까?
하나님이 모든 것을 채워주신다는 믿음이 있습니까?

마리아와 같이, 두 렙돈을 드린 과부와 같이 아낌없이 나의 전부를 주님께 드리십시오. 향유 냄새를 온 집안에 퍼트릴 수 있도록 주님을 위해 옥합을 깨트리는 가정과 삶이 되기를 주님의 이름으로 축원합니다.

크리스천의 삶은 헌신의 삶입니다. 우리를 위해 전부를 내놓으신 예수님을 본받아 우리의 삶도 내어놓는 삶이 되기를 희망합시다.

서로 용납하는 지체

로버트 그린이 쓴 「인간 본성의 법칙」의 첫 장에는 인간의 본성을 다음과 같이 한 줄로 요약한 내용이 나옵니다.

"인간은 뼛속까지 사회적 동물이다. 이 사실을 인정하지 않고서는 인간의 본성을 탐구할 수 없다. 사람은 관심을 받기 위해서라면 스스로 목숨을 끊을 수도 있다."

300페이지가 넘는 방대한 분량으로 인간 본성에 대해 설명하는 책이지만, 책의 주 내용들은 '결국 인간은 사회적 동물'이라는 것입니다.

완전한 인간인 아담도 하나님이 보시기에는 좋지 않으셨습니다. 아담이 혼자였기 때문입니다. 아무리 잘난 인간도 혼자서 만족하며 살도록 하나님은 우리를 창조하지 않으셨습니다.

인간은 사회적 존재입니다. 서로 교제하며 살아가야 합니다. 우리를 창조하신 하나님이 우리를 그렇게 살아가게끔 만드셨기 때문입니다.

하나님이 창조하신 이 세계도 마찬가지입니다.

한 방울의 물방울은 아무것도 아닌 존재이지만 모여서 비가 되고, 강이 되고, 바다가 됩니다.

모인 물방울로 식물이 자라고, 자라난 식물로 동물이, 그 동물로 다시 다른 동물들, 그리고 우리 인간들이 살아갑니다.

사람도 마찬가지입니다. 먼 곳에 떨어져 아무 상관없이 살아가는 사람이라 해도 크고 작은 고리로 모든 사람은 연결되어 있습니다. 마치 오케스트라처럼 말입니다.

수십 명의 오케스트라 단원들이 최고의 실력으로 연주해도 단 한 사람이 실수하면 연주는 엉망이 됩니다. 연주 내내 단 한 번만 치는 큰북이라 하더라도 그 한순간을 실수하면 망친 연주가 됩니다.

이 원리를 아는 사람은 어떤 사람이든지 섬기며 삽니다. 우리에게는 서로가 필요하기 때문입니다. 보기에는 조금 불완전할지라도, 조금 모자랄지라도 모두 주님 안에 자리 잡은 한 지체로 서로에게 필요하고 중요한 존재입니다.

"몸 가운데서 분쟁이 없고 오직 여러 지체가 서로 같이 돌보게 하셨느니라." – 고린도전서 12장 25절

서로가 서로를 살피며 돌보는 것이 진정한 섬김입니다.
기대기도 하고 받들어주기도 해야 합니다.
말하기도 하고 대답하기도 해야 합니다.
주기도 하고 받기도 해야 합니다.
고백하기도 하고 용서하기도 해야 합니다.
다가가기도 하고 품기도 해야 합니다.
손해를 감내하고 섬기면서 참기만 하는 것도,
주기만 하면서 받기만 하는 것도 옳은 방법이 아닙니다.
줄 수도 있고, 받을 수도 있는 것이 진정한 용납입니다.

일본의 한 목사님 집에 가난한 신학생이 찾아왔습니다.
결핵에 걸려 곧 죽을지도 모르는 신학생은 음식을 구걸하기 위해 찾아온 것이었습니다. 당시 결핵은 약이 없어서 결핵 환자와의 접촉으로 병이 옮으면 꼼짝없이 죽을 수도 있었지만, 목사님은 신학생을 집에 들이고 극진히 보살펴주었습니다.

목사님의 섬김과 가르침에 깊이 감화된 신학생은 기력을 차리자마자 결핵 환자들이 모여 사는 빈민굴로 향했습니다. 어차피 죽을 몸이라면 같은 처지로 고통받는 사람들에

게 하나님의 복음을 전하고자 하는 마음이었습니다.

그런데 전도 중에 결핵이 깨끗이 치유되는 기적이 일어났습니다. 그럼에도 신학생은 빈민굴을 떠나지 않고, 평생 동안 그곳에서 아픈 사람들을 위해 복음을 전했습니다. 자기가 죽을 위기였을 때 받은 은혜를 잊지 않고, 자신이 전한 은혜를 누군가 다시 다른 사람에게 전했으면 하는 바람 때문이었습니다.

20세기의 성자라 불리는 일본의 가가와 목사님의 이야기입니다. 가가와 목사님을 거두었던 분은 나가노 목사님인데 이분은 당시 성도가 한 명도 없을 정도로 열악한 상황에서 핍박을 받았다고 합니다.

만약 가가와 목사님이 자신이 병에 걸렸다는 이유로 나가노 목사님의 호의를 거절했다면 결핵도 낫지 않았을 것이고 수많은 사람이 복음을 듣지도 못했을 것입니다. 먼저는 다른 이를 용납하고 섬기는 것이 우선이지만 남들의 호의와 섬김도 받아들일 줄 아는 사람이 진정한 크리스천입니다.

사도 바울은 고린도전서 10장 27절을 통해 우리에게 이렇게 조언합니다.

"불신자 중 누가 너희를 청할 때 너희가 가고자 하거든 너희 앞에 차려 놓은 것은 무엇이든지 양심을 위하여 묻지 말고 먹으라."

때로는 율법보다도, 믿음보다도, 상대방의 친절과 호의를 받아들이는 것이 더 중요한 전도이며, 복음입니다.

누군가 호의와 친절을 베풀 때 감사함으로 받기를 주님의 이름으로 축원합니다.

> 감사한 마음으로 호의를 받을 줄 아는 사람만이 진정한 호의와 친절을 베풀 수 있습니다. 사람 사이에서 감사의 마음을 가질 수 있도록 노력합시다.

29

여유의 미학

젊었을 때와 나이가 들었을 때 가장 크게 느끼는 차이점이 무엇인지 아십니까?

바로 시간이 빨리 간다는 것입니다.

나이가 드신 분들은 모두 공감하실 겁니다.

어느 순간부터 같은 하루가, 같은 일주일이, 같은 한 달이 눈코 뜰 새 없이 지나갑니다. 그러면서 점점 마음이 급해집니다.

더 많은 것을 해야 하고,

더 바쁘게 살아야 할 것 같고,

시대에 뒤지기 전에 무언가 더 많이 해야 할 것 같고….

인생의 남은 시간이 적다고 느껴질수록 더욱 바쁘고 빠르게 살아갑니다.

그래서 앞만 보고 열심히 인생을 살아갑니다.

우리 인생의 여정은 지금 어디쯤 와 있을까요?

이제 인생에서 무언가를 이룰 수 없다고 생각하십니까?

하나님이 갑자기 개입하셔서 내 인생을 드라마틱 하게 바꾸어 주실 것이라고 생각하십니까?

성경을 보면 하나님의 생각과 계획은 언제나 인간의 시간의 흐름으로는 이해할 수가 없었습니다.

우리 인생도 마찬가지입니다.

어떨 때는 도대체 하나님이 무엇하시나 답답할 때가 있습니다. 그래서 더더욱 우리 힘으로 인생의 속도를 내려고 합니다.

그런 마음이 들 때는 시인 조지 허버트가 했던 말을 되새기십시오.

"하나님의 맷돌은 천천히 돌아가지만, 확실히 갈아낸다."

하나님은 손이 짧아 구원하시지 못하는 게 아니며, 귀가 어두워 듣지 못하는 것도 아닙니다. 우리가 하나님을 보든, 보지 못하든 간에, 우리가 하나님을 믿든, 믿지 않든 간에 하나님의 시계는 계속해서 돌아갑니다.

지금 이 순간도 하나님은 우리의 삶에서 일하고 계십니다. 그런 하나님을 믿고 오늘 하루를 여유롭게 보내보십시오. 그러면 매일 하던 출근도 새롭게 느껴질 것입니다. 매일 하던 집안일도 은혜로울 것입니다. 급한 마음을 내려놓을 때 우리의 모든 삶에 함께하시는 하나님의 감미로운 은혜를 느낄 수 있습니다.

아프리카 칼라하리 사막의 '스프링벅(Springbuck)'은 수천, 많게는 수만 마리가 무리를 지어 이동합니다. 너무나 많은 수이기 때문에 무리 중에서 뒷선에 선 스프링벅들은 풀을 제대로 뜯지 못합니다. 앞에 선 스프링벅들이 이미 모든 풀을 먹어치웠기 때문입니다.

풀을 먹기 위해선 남들보다 빨리 뛰어 앞으로 가는 수밖에 없습니다. 그래서 스프링벅 무리는 다른 양들을 제치고 빠르게 뛰어가는 습성이 있습니다. 이렇게 달리던 스프링벅들은 어느샌가 자신들이 왜 달리고 있는지 목적을 잊습니다. 풀이 있어도 지나치며 계속해서 속도를 내던 스프링벅 무리는 어느새 멈출 수가 없어집니다. 앞에 낭떠러지가 있어도 달려들어 떼죽음을 당합니다.

세기의 심벌이었던 배우 마릴린 먼로는 이런 말을 남기고 자살했습니다.

"나는 남보다 많은 인기를 얻고, 성공을 거두고, 부족함이 없이 모든 것을 가졌습니다. 그러나 인생의 목적을 잃어버렸습니다. 나는 왜 살아야 하는지에 대한 이유를 말할 수가 없습니다."

천천히 달릴 때 멋진 풍경을 감상할 수 있습니다.
때로는 인생에 여유를 가지고 속도를 늦춥시다.
하나님이 운행하시는 인생이란 버스를 타고 준비하신
멋진 풍경을 감상합시다.

"여호와 우리 주여 주의 이름이 온 땅에 어찌 그리 아름다운지요 주
의 영광이 하늘을 덮었나이다." – 시편 8편 1절

급하다고 생각할 때 인생의 속도를 줄이십시오.
때로는 완전히 멈추십시오.
내 삶의 운전대를 하나님께 맡기고 차창 밖에 준비된
멋진 풍경을 감상하며 경이로운 하나님의 능력을 경험하
십시오.

하나님을 향한 믿음으로 삶의 여유를 갖고 삶을 돌아
보며, 삶을 즐기기를 주님의 이름으로 축원합니다.

요즘 어떤 마음으로 삶을 살고 계십니까? 내 삶을 주님의 손에 맡기고
하루하루 주어진 삶을 주님과 함께 즐겁게 살아갑시다.

사랑한다고 고백하십시오

4세기 로마의 황제 율리아누스는 기독교를 매우 싫어해서 배척하는 정책을 펼쳤습니다. 그러나 아무리 배척해도 기독교는 더욱 널리 퍼져갔습니다. 율리아누스 황제는 그리스도인의 '사랑' 때문에 도저히 막을 수가 없다고 말했습니다.

"그리스도인 중에는 한 명의 거지도 없다. 이들은 유대인, 로마인 가리지 않고 모든 어려운 사람들을 찾아가 돕는다. 우리 로마 종교를 믿는 사람들조차 이들의 도움을 기다리고 있으니 참으로 창피한 일이다."

기독교를 가리켜 세상 사람들은 '사랑의 종교'라고 부릅니다. 우리가 믿는 주님이 사랑 그 자체이기 때문입니다. 자비와 양선, 용서와 구제, 모든 좋은 성품들은 넘치는 사랑으로부터 흘러나오는 것들입니다.

우리에게 가장 필요한 것은 올바른 법, 사회 구조, 정의가 아닌 충만한 사랑입니다. 삶에 일어나는 일들에 대해 누군가를 탓할 수 있으나, 결국 시간 낭비입니다. 사랑과 용서면 해결될 문제에 다른 해답을 찾으려고 하니 오히려 수많은 문제들이 더 생겨나는 것입니다.

어린 시절 부모로부터 사랑을 받은 사람은 사랑을 당연하게 여깁니다. 커서도 사랑을 이해하고, 주고받는데 아무런 어려움이 없습니다. 그러나 사랑을 받아본 적이 없는 사람은 사랑을 주지도 못할 뿐 아니라 받는 것도 어려워합니다. 이런 이들을 찾아가 우리가 먼저 손을 내밀어 주님의 사랑을 전해야 합니다. 주님이 메마른 영혼을 가진 우리, 바로 나에게 찾아와 충만한 사랑을 부어주셨듯이 말입니다.

어떤 마을의 교회에 유명한 목사님이 새로 부임하셨습니다. 목사님의 설교를 들으러 많은 사람이 교회를 찾았습니다.
첫 주 강대상에 선 목사님은 단 한마디를 하고 설교를 마쳤습니다.
"사랑하는 형제자매 여러분. 서로 사랑하십시오."

다음 주도, 그다음 주도 목사님은 같은 설교를 했습니다. 한 성도가 참다못해 목사님께 "왜 같은 설교만 반복하십니까?"라고 묻자 목사님이 대답했습니다.

"서로 사랑하라는 설교 말씀을 듣고도 여러분이 사랑하지 않기 때문입니다. 여러분이 서로 사랑하게 된다면 그다음 설교로 넘어가겠습니다."

진리를 아는 것도 중요하지만 실천하는 것은 더욱 중요합니다.

성경에 나오는 수많은 좋은 말씀 중에 단 한 구절만 실천하며 살아야 한다면, 가장 먼저 실천해야 하는 것이 바로 사랑입니다.

"무엇보다도 뜨겁게 서로 사랑할지니 사랑은 허다한 죄를 덮느니라."
– 베드로전서 4장 8절

서로 사랑하십시오. 서로 사랑한다고 고백하십시오.
모든 일에 먼저 사랑을 해답으로 여기십시오.
허다한 허물을 덮는 놀라운 사랑의 능력을 체험하며 살아가기를 주님의 이름으로 축원합니다.

> 마음을 열어 사랑하십시오. 주변을 둘러보고 닫힌 마음으로 사는 사람이 있다면 먼저 다가가 사랑을 전하십시오.

4부

진정한 행복, 나눔

사람들은 행복의 초점을 나눔이 아닌 소유에 맞춥니다.

"복권에 당첨되면 행복할 텐데…."

"내가 좋아하는 사람이 나를 좋아해 주면 행복할 텐데…."

"공부만 잘하면 행복할 텐데…."

그러나 이런 소원은 실현된다 해도 일시적인 행복감을 줄 뿐 곧 사라집니다.

모두가 바라는 복권에 당첨되면 행복감은 아주 짧은 시간만 치솟은 뒤 곧 사라집니다. 오히려 이 행복감을 맛본 사람은 더 큰 행복감을 맛보려고 더 많은 돈, 더 큰 집, 더 큰 권위, 더 많은 관심을 원하게 됩니다.

소유가 행복의 근원이 아니기 때문입니다.

성경은 우리에게 오히려 가지려 하지 말고 있는 것을 나누라고 가르칩니다. 바로 우리의 행복을 위해서입니다.

예수님은 친히 받는 것보다 주는 것이 복이 된다(사도행전 20:34)고 말씀하셨습니다. 이 말씀을 따라 초대교회 성도들은 없는 상황에서도 서로 나누었습니다. 옷이 두 벌 있는 사람은 한 벌을 나누었고, 어떤 사람은 자신의 식사 중 다른 사람에게 한 끼를 주기 위해 자발적으로 금식을 하기도 했습니다.

초대교회 성도들은 자신들이 가진 것을 아낌없이 나누었고 믿는 사람들의 수는 나날이 늘어갔습니다. 나눔이 행복을 줄 수 없다면 절대로 불가능한 일입니다.

"믿는 사람이 다 함께 있어 모든 물건을 서로 통용하고 또 재산과 소유를 팔아 각 사람의 필요를 따라 나눠 주며 날마다 마음을 같이하여 성전에 모이기를 힘쓰고 집에서 떡을 떼며 기쁨과 순전한 마음으로 음식을 먹고 하나님을 찬미하며 또 온 백성에게 칭송을 받으니 주께서 구원받는 사람을 날마다 더하게 하시니라." – 사도행전 2장 44–47절

아이가 생기지 않아 마음을 졸이는 부부가 있었습니다.

어느 날 꿈속에 한 노인이 나타나 아이가 생길 것이라는 기쁜 소식을 전했습니다.

"아이에게 바라는 소원 한 가지를 들어주겠다."

"모든 사람에게 사랑받는 아이로 자라게 해주세요."

노인의 말대로 부부는 정말로 아이를 가졌습니다.

'어거스터스'라는 이름의 아이는 부모가 빈 소원대로 자라나며 모든 사람에게 사랑을 받았습니다.

그런데 몇 년이 지나자 심각한 문제가 생겼습니다.

아이는 날이 갈수록 아무에게나 막 대하는 버릇없는 사람이 되어갔습니다. 무슨 짓을 해도 사람들이 사랑을 주기 때문에 심성이 삐뚤어진 것이었습니다.

아이를 위해 부모는 다시 간절히 기도했습니다.

그날 밤 몇 년 전에 찾아왔던 노인이 다시 꿈속에 나타났습니다. 이번에도 아이를 위해 한 가지 소원을 들어주겠다는 노인의 말에 부모는 망설임 없이 다시 소원을 빌었습니다.

"모두에게 사랑을 받는 아이가 아니라, 모두를 사랑할 수 있는 아이가 되게 해주세요."

헤르만 헤세의 단편 「어거스터스」의 내용입니다.

진정한 삶의 행복은 받는 데 있지 않고 주는 데 있습니다.

심리학 연구에 따르면 같은 돈을 나를 위해 사용하는 것보다 다른 사람을 위해 사용하는 것이 행복도가 더욱 높았습니다. 또한 나눔으로 생긴 행복감은 매우 오랜 시간 동안 사라지지 않고 지속됐습니다.

예수님이 가르치신 그대로, 초대교회 성도들이 살아가던 모습 그대로, 나누며 사랑하는 것이 진정한 행복의 비결입니다.

"주 예수의 친히 말씀하신바 주는 것이 받는 것보다 복이 있다 하심을 기억하여야 할찌니라." – 사도행전 20장 35절

받기를 바라는 것보다 나누고 싶어 하는, 진정으로 행복한 삶을 살기를 주님의 이름으로 축원합니다.

우리는 얼마나 자주 베풀며 살고 있습니까? 혹시 자신만을 위해 모든 것을 쏟아붓지는 않는지, 지금 이 순간 지나온 삶을 돌아보십시오.

우리 모두는 공사 중입니다

성경에서 가장 온유한 사람을 꼽자면 단연 모세입니다. 민수기 12장에는 모세가 "세상의 모든 사람의 온유함을 합친 것보다 더 온유한 사람"이라고 나와 있습니다.

출애굽기를 조금만 살펴봐도 이스라엘 사람들의 끝없는 불평불만에 머리가 아플 정도입니다. 그런 백성들을 이끌고 그 험난한 광야에서 40년을 인도하면서도 모세는 중도에 포기하거나 저주하지 않고 오히려 자신의 목숨을 아끼지 않고 내어주려고 할 정도로 백성들을 사랑했습니다.

우리라면 동일한 상황에서 단 하루도 버틸 수 없었을 것입니다.

모세가 이처럼 온유할 수 있었던 비결은 무엇일까요?

저는 아마도 모세가 이스라엘 백성들이 하나님의 능력

을 체험하며 자라나는 '공사 중'인 상태라고 생각했기 때문인 것 같습니다.

이집트를 탈출한 모세는 40년 동안 공사 중인 상태였습니다. 왕궁을 탈출하고, 사람을 죽이고, 광야로 도망치고, 마침내 불붙은 떨기나무를 통해 하나님을 영접한 모세는 조금씩 하나님의 설계도를 따라 완성되어 갔습니다.

모세는 하나님이 선택하신 백성이, 하나님이 인도하신 이 위대한 여정을 마치고 나면 만방에 하나님의 살아계심을 알리는 완성된 거룩한 민족으로 다시 태어날 것이라고 믿었기에 온유할 수 있었던 것 같습니다.

이제 우리의 상황을 살펴봅시다.
모세처럼은 아닐지라도 우리는 크리스천으로 불리기에 부족함이 없는 온유한 사람입니까?

죄에서 벗어나 하나님의 거룩함과 영광의 광채에 동참하는 사람만이 온유할 수 있습니다. 온유함은 단순히 부드럽고 연약한 성품의 개념이 아닌 성령님의 임재를 통해 경험하는 내적인 능력입니다.

데니스 레인 목사님은 온유함을 '거인의 손안에 있는 갖

난아이'라고 표현했습니다. 온유함은 우리의 노력, 타고난 성품으로 완성되는 것이 아니라 갓난아이 같은 우리가 주님의 손에 모든 것을 맡길 때 경험하는 선한 능력입니다.

아무리 빨리 달리는 자동차라도 브레이크가 없으면 단 한 번만 운전해도 100% 사고로 끝납니다.

하나님이 주시는 온유함이 없는 사람은 아무리 능력이 뛰어나도 결국 브레이크가 고장 난 스포츠카와 같습니다.

온유한 사람은 자신의 모든 능력, 성격, 생각, 행동을 소욕을 따르지 않도록 통제하며 하나님이 기뻐하시는 일에 사용할 수 있습니다.

성공 가도를 달리던 유명한 사역자, 교역자들이 한 번의 실수로 모든 일을 그르치며 오히려 복음에 누가 되는 상황에 처하는 것을 우리는 심심치 않게 봐왔습니다. 열정과 에너지라는 액셀은 있지만 온유함이라는 브레이크가 없기 때문입니다.

우리의 인생이 하나님의 설계도에 따라 짓고 있는 '공사 중'이라는 사실을 잊지 마십시오. 뭔가 부족해 보이고, 용납하기 어려워 보이는 형제, 자매 역시 '공사 중'임을 잊지 말아야 합니다. 이 사실을 깨달아야 모세와 같이 온유할 수 있습니다.

목사 안수를 받자마자 교회를 개척한 한 목사님의 이야기입니다. 감사하게도 개척을 한 지 얼마 안 되어 성도들도 많이 늘었습니다. 그런데 이 교회 목사님에겐 남에게 말하기 힘든 고민이 있었습니다. 한 성도님이 매주 설교가 끝날 때마다 목사님을 찾아와 그날 설교를 비판하는 통에 마음이 매우 힘들었습니다.

처음에는 그럴 수도 있겠다 싶어 참고 넘어가려 했지만 매주 얼토당토않은 얘기로 정성껏 준비한 설교를 트집 잡으니 도저히 못 참겠다는 생각이 들었습니다.

그러나 한편 아무리 그래도 목회자인데 성도를 향해 사랑이 아닌 미움을 품는 자신이 너무나 부족하고 한심해 보였습니다. 고민 중에 마음이 답답한 목사님은 잠시 산책하러 나갔는데 늘 걷던 거리가 공사 표지판으로 막혀 있었습니다.

'공사 중, 통행에 불편을 드려 죄송합니다.'

이 표지판을 보는 순간 목사님의 마음이 평안해졌습니다.

'그래. 지금 나도, 그 성도님도 공사 중이라고 생각하자. 공사 중에는 길을 돌아가야 하니 조금 불편하지만, 이 공사가 끝나면 다시 편하고 빠른 길로 걸을 수 있게 될 거야.'

목사님의 마음엔 성도의 비판도 웃으면서 대할 수 있는 온유함이 생겼고, 성도도 몇 주 뒤 더는 설교를 비판하러 목사님을 찾아오지 않았습니다.

그렇습니다.
너, 나 할 것 없이 우리 모두는 '공사 중'입니다.
그러므로 우리는 서로를 이해하고 용납해야 합니다.
이런 생각과 믿음이 우리를 온유하게 만듭니다.

"모든 겸손과 온유로 하고 오래 참음으로 사랑 가운데서 서로 용납하고 평안의 매는 줄로 성령이 하나 되게 하신 것을 힘써 지키라." – 에베소서 4장 2–3절

우리 모두는 공사 중입니다.
겸손한 마음으로 이 사실을 늘 기억하며 서로 사랑 가운데 용납하는 온유한 사람이 되기를 주님의 이름으로 축원합니다.

남에게만 엄격함을 요구하고 스스로에게는 너무 관대한 삶을 살고 있지는 않습니까? 남의 잘못을 지적하기보다 자신에게 좀 더 엄격한 사람이 됩시다.

골방 묵상

미국에서 최초로 연봉 100만 달러를 받은 베들레헴 철강의 사장 찰스 슈왑을 만든 것은 두 가지 조언이었습니다.

1. 오늘 해야 할 일을 중요한 순서대로 목록에 적을 것.
2. 목록에 적힌 순서대로 일할 것.

찰스 슈왑은 이 조언을 자신과 회사에 적용해 베들레헴 철강을 세계 최고의 철강회사로 만들었습니다. 그리고 이 조언을 해준 컨설턴트에게 백지수표를 보냈습니다.

일도, 인생도, 해야 할 일부터 하는 사람이 성공합니다.
그러나 대부분의 사람은, 또 우리는, 해야 할 일이 아닌 하고 싶은 일부터 합니다.

당신의 요즘 삶은 어떻습니까?
인생에서 가장 중요한 우선순위를 어떻게 세우십니까?

하나님이 그 안에 계십니까?
그렇다면 몇 번째 순위입니까?

마음이 너무 분주해 하나님의 음성을 놓치고 있지는 않습니까?

이런저런 소란 가운데 하나님이 주시는 음성을 놓치고 있다면 인생의 우선순위를 다시 세워야 할 때가 된 것입니다. 그리고 "아니오"라는 말을 더 자주 해야 합니다.

인생의 속도를 늦추고, 고요한 시간 가운데 묵상하며, 하루의 시간을 어떻게 보내고 있는지, 부끄럽지 않은 크리스천으로 살고 있는지 돌아봅시다.
크리스천인 우리에게 중요한 일이 무엇인지 깨닫고, 중요한 일을 우선으로 인생의 순위를 재정립하십시오.
세상의 흐름에 인생을 맡기지 말고 주님이 인도하는 곳으로 인생의 키를 돌리십시오.

하나님은 세상일에 마음을 빼앗겨 분주한 마음을 가진 사람에게는 말씀하지 않으십니다. 하나님의 음성을 듣기 위해서는 고요한 가운데 하나님을 묵상하며, 주님의 임재를 구하는 영적인 시간이 필요합니다.

한 목수가 정신없이 일을 하다가 평소 애지중지하던 손목시계를 잃어버렸습니다.

수북이 쌓인 톱밥도 뒤져보고 온 작업실을 다 뒤졌지만 시계를 찾지 못했습니다. 다른 동료들까지 달려들어 시계를 찾으려고 난리 법석을 떨었지만 도통 찾을 수 없었습니다.

결국 포기하고 점심을 먹으러 다녀왔는데 그 사이 놀러 온 목수의 아들이 시계를 들고 있었습니다. 어른 여러 명이 한참을 찾아도 발견하지 못한 시계를 어린아이가 혼자 찾은 것입니다. 목수가 아들에게 "시계를 어떻게 찾았냐?"라고 묻자 아들이 대답했습니다.

"제가 여기 왔을 때는 사람이 아무도 없어서 너무 조용했어요. 가만히 앉아 아빠를 기다리고 있는데 어디서 째깍째깍 소리가 들려서 따라가 보니 시계가 있었어요."

엘리야 선지자에게 세미한 소리로 하나님이 말씀하신 것처럼 하나님은 세미한 음성으로 우리에게 말씀하십니다. 하나님의 음성에 귀를 기울이는 묵상의 시간을 만들지 않으면 하나님의 세미한 음성을 놓치게 됩니다.

우리는 되도록 자주 세상의 시끄러운 소리가 들리지 않는 마음의 골방으로 들어가야 합니다. 하나님께만 집중할 수 있도록 말입니다.

예수님께서는 마태복음 6장 6절을 통해 우리에게 이렇게 말씀하셨습니다.

"너는 기도할 때에 네 골방에 들어가 문을 닫고 은밀한 중에 계신 네 아버지께 기도하라 은밀한 중에 보시는 네 아버지께서 갚으시리라."

이제 마음의 골방에 들어가 세상을 향한 마음의 문을 닫고 조용히 하나님의 음성에 귀 기울이기를 주님의 이름으로 축원합니다.

우리는 하나님의 음성을 언제 들었습니까? 하나님의 음성을 듣기 원한다면 지금 마음을 정갈히 하고 그분의 말씀에 귀 기울이십시오.

고요한 가운데 오시는 주

신학자 헨리 나우웬은 '고독'을 '변화의 용광로'라고 말했습니다. 사람이 진정으로 변화하는 시간은 혼자 있는 시간이기 때문입니다.

철학자 키에르케고르는 "나는 가장 고독할 때 고독하지 않다"라고 말하며 우리가 혼자 있을 때 '신 앞에 선 단독자'로서 어떤 사람인지가 중요하다고 말했습니다.

교회가 아닌, 가정이 아닌, 친구가 아닌, 회사가 아닌, 홀로 있을 때 당신은 어떤 사람입니까?

여전히 주님과 함께하며, 주님이 보시기에 아름다운 생각과 행동을 하는 사람입니까?

우리가 고독할 때, 그 누구도 모르는 싸움이 일어납니다.

우리가 고독할 때, 설교를 다룰 때와 달리, 말씀을 묵상할 때와 달리 고요한 가운데 마음 안에서 싸움이 일어납니다.

이런 고독 가운데, 우리의 심령을 감찰하시는 하나님이 우리의 현 상태를 깨닫게 하시고 나아가야 할 곳이 어디인지 알게 하십니다.

고독한 가운데 주님은 우리의 진짜 모습을 보게 하시고, 하나님만 바라보게 하십니다.

고독한 가운데 오시는 주님을 만날 때, 우리는 회복되고, 다시 일어섭니다.

세계에서 가장 많은 포도가 열리는 포도나무에서는 한 그루에 무려 4천5백 송이의 포도가 열린다고 합니다. 이 나무는 원래 평범한 포도나무였습니다.

그런데 기르는 농부가 나무 스스로 뿌리를 내려 물을 흡수하는 힘을 길러주기 위해 일부러 나무로부터 떨어진 곳에 물을 줬다고 합니다.

나무는 나날이 뿌리가 깊어졌고, 멀리 퍼져갔습니다.

뿌리가 깊어지면서 가지도 점점 울창해 지금은 축구장의 25%를 덮을 정도로 거대한 나무로 성장했습니다.

똑같은 나무지만 뿌리와 떨어진 곳에 물을 준 나무가 더 크고 풍성한 열매로 맺었습니다.

크리스천이 고독한 시간에 성장하는 이유도 이와 같습

니다.

혼자 있을 때 우리 마음이 혼란하고, 외롭고, 하나님이 기뻐하시지 않는 죄를 지을 수도 있습니다. 그런 상황 가운데에서도 임재하시는 주님을 경험하고자 노력할 때 우리의 영혼의 뿌리가 조금씩 믿음의 반석 아래 깊고 넓게 뿌리를 내립니다.

반석 위에 세운 집은 태풍에도 쓰러지지 않습니다.
고독한 가운데 주님의 임재하심을 경험하는 사람은 굳건한 믿음의 반석을 세운 사람입니다.

"그러므로 나의 사랑하고 사모하는 형제들 나의 기쁨이요 면류관인 사랑하는 자들아 이와 같이 주 안에 서라." – 빌립보서 4장 1절

우리의 삶이 하나님의 말씀 속에 깊이 뿌리내리며 반석 위에 든든히 서 나가기를 주님의 이름으로 축원합니다.

바람에 흔들리지 않는 뿌리 깊은 나무처럼 우리는 주님 안에서 튼튼한 믿음의 뿌리를 내려야 합니다.

웃게 하시는 하나님

삶에서 하나님이 주신 가장 큰 축복은 뭐라고 생각합니까?

삶에서 가장 필요하다고 생각하는 축복은 뭐라고 생각합니까?

이런저런 대답들이 많이 나오겠지만 저는 웃음이라고 생각합니다.

진정한 기쁨 가운데 나오는 웃음은 세상 그 무엇과도 바꿀 수 없는 기쁨입니다. 하나님은 우리가 기쁠 때 웃게 만드셨고, 웃을 때 건강해지게 만드셨습니다.

미국 UCLA 대학 병원의 연구에 따르면 하루에 45분씩 웃으면 우리 몸에 그야말로 만병통치약에 가까운 효과가 나타난다고 합니다.

폐활량이 늘고 건강해지고, 암도 치유하는 NK세포가 활성화된다고 합니다. 웃음은 심장, 혈관을 건강하게 하고 스트레스를 사라지게 하는데 그 어떤 약보다 뛰어난 효과를 발휘하고 심지어 부작용도 없습니다.

과학적인 연구 결과가 아니더라도 사람들은 이미 웃음이 건강에 이롭다는 사실을 경험적으로 알고 있었습니다.

옛말에 '한 번 웃을 때마다 한 번 젊어진다'라는 뜻의 '일소일로(一笑一老)'라는 말이 있습니다.

철학자 니체는 "아이들에게 가장 중요한 교육은 웃는 법을 가르치는 일이다"라고 말했습니다.

성경에도 웃음이 하나님의 축복이라고 나와 있습니다.

"웃음으로 네 입에, 즐거운 소리로 네 입술에 채우시리니." – 욥기 8장 21절

인생이라는 항해에 웃음만큼 즐거운 동료는 없습니다. 웃음이 있는 삶에는 기쁨이 있습니다.

하나님이 주시는 기쁨이 있는 사람은 매일 웃으며 살아갑니다. 하나님이 주시는 웃음 가운데 삶에 대한 열정이 더해가고, 거룩한 결심이 굳건해지고, 다른 사람을 향한 마음이 여유로워지고, 용기가 생겨납니다.

고난이라는 험한 파도가 몰아쳐도, 하나님이 주시는 기쁨이 마음에 있는 사람은 웃으며 이겨낼 수 있습니다. 고난 중에도 웃는 사람은 주변 사람들에게 살아계신 하나님을 떠올리게 하며 큰 힘을 줍니다.

캘커타의 성녀로 불리는 마더 테레사는 함께 봉사할 사람을 뽑을 때 다음과 같은 조건을 걸었습니다.
"어디서나 잘 자는 사람,
어떤 음식이나 잘 먹는 사람,
어떤 상황에서도 잘 웃는 사람."
조건에 왜 잘 웃는 사람을 넣었을까요?
그 이유에 대해 마더 테레사는 다음과 같이 답했습니다.
"잘 웃는 사람은 다른 사람을 잘 위로하는 사람입니다. 잘 웃는 사람은 어려운 시험도 잘 이겨냅니다. 잘 웃는 사람은 자신의 삶을 아름답게 가꾸고, 자기 삶을 아름답게 가꾸는 사람이 다른 사람도 잘 도울 수 있습니다."

신학자 윌리엄 바클레이는 웃음에 대해 다음과 같은 말을 남겼습니다.
"웃음은 하나님이 주신 큰 선물 중 하나입니다. 잘 웃는 사람을 만나기만 해도 행복해집니다. 지금 웃고 있는 사람은 하나님의 일을 실천하고 있는 사람입니다."

시편의 저자 다윗은 도무지 웃을 수 없는 암담한 상황에서도 기뻐하며 노래했습니다.

"주께서 생명의 길을 내게 보이시리니 주의 앞에는 충만한 기쁨이 있고 주의 오른쪽에는 영원한 즐거움이 있나이다." – 시편 16편 11절

다윗처럼 언제나, 어떤 상황에서나 미소를 잃지 않고 감사하는 삶을 살기를 주님의 이름으로 축원합니다.

> 감사하는 마음으로 세상을 산다면 그 어떤 어려움도 극복할 수 있습니다. 구원주이신 주님을 바라보며 늘 감사하는 마음을 간직합시다.

필요한 이웃이 됩시다

하나님은 인간을 서로 도우며 함께 지내도록 만드셨습니다.

예수님은 사마리아 사람의 비유로 이웃에 대해 제자들에게 가르치셨습니다. 그리고 비유에 나온 것처럼 다른 사람의 이웃이 되라고 말씀하셨습니다. 좋은 크리스천은 곧 좋은 이웃이 되어야 합니다.

예수님이 말씀하신 비유에 나오는 사마리아 사람처럼 선한 이웃에게는 보편적으로 세 가지 특징이 있습니다.

1. 마음이 열려 있습니다.

사마리아인이라는 사회적 위치는 다른 사람에게 선뜻 도움을 줄 수 있는 위치가 아닙니다. 그러나 사마리아인은 아랑곳하지 않고 어려움에 처한 사람을 구했습니다. 신분,

출신, 보상의 유무를 하나도 따지지 않았습니다.

2. 먼저 다가갑니다.

앞선 사람이 강도를 만났다는 것은 사마리아인 역시 강도를 당할지도 모르는 위험에 처했다는 뜻이었습니다. 앞선 두 사람은 강도 만난 사람을 보자마자 다른 길로 피해 지나갔습니다. 하나님을 섬기는 제사장, 레위인이었는데도 말입니다. 그러나 사마리아인은 도움을 요청하지 않았음에도 먼저 다가갔습니다. 도울 힘이 충분히 있었기에 주님의 말씀대로 이웃을 사랑하기 위해서였습니다.

3. 손해를 보더라도 정직합니다.

사마리아인은 여관 주인에게 넉넉한 돈을 주고도 혹시 모자랄까 싶어, 돈이 더 들면 추가로 값을 치르겠다고 약속까지 했습니다. 강도 당한 사람이 부자라거나, 살려만 주면 많은 돈을 준다고 하지도 않았습니다. 사마리아인은 예수님의 말씀대로 어려운 이를 돕는 진정한 예수님의 제자였고, 이웃이었습니다. 앞서 지나간 제사장과 레위인은 누구보다 성경을 잘 아는 사람이었고, 하나님을 섬기는 일을 하는 사람이었지만 참된 이웃이 되지는 못했습니다. 말씀을 알기만 하고 실천하지 않았기 때문입니다.

좋은 이웃이 되는 일은 정말 어려운 일입니다.

그러나 반드시 되어야 하는 일입니다.

참된 제자가 되는 길은 또한 좋은 이웃이 되는 길입니다.

좋은 이웃을 만날 때 우리의 연약한 부분이 드러나고, 쓰러져도 다시 일어날 힘을 얻습니다. 내 주변에 좋은 이웃이 가득하기를 바라지 말고 바로 내가 좋은 이웃이 되어야 합니다. 우리가 좋은 이웃이 되어야 합니다.

세상에 독불장군은 없습니다.

우리는 서로가 서로를 필요로 합니다. 서로가 서로를 돕는 좋은 이웃인 크리스천들이 세상에 더욱 많아져야 합니다.

중국 남조시대의 이아라는 청백리는 100냥인 집을 1100냥에 구입했습니다.

이아가 구입한 집 옆집에는 여승진이라는 학자가 살고 있었습니다. 여승진은 중국 전역에서 모르는 사람이 없을 정도로 공명정대하고 지혜로운 사람이었습니다.

1000냥이나 더 주고 옆집을 샀다는 소식을 들은 여승진은 걱정이 되어 이아를 찾아와 물었습니다.

"매우 비싼 값을 치르고 집을 사셨다고 들었습니다. 혹시 주인에게 속아서 구입하셨다면 제가 도와드리겠습니다."

이 말을 들은 이아는 웃으며 대답했습니다.

"집값이 100냥인 것은 저도 알고 있었습니다. 100냥은 집값이고, 1000냥은 선생님같이 훌륭한 이웃을 곁에 두기 위해 치른 값이니 걱정하지 마십시오."

살면서 좋은 이웃을 만나는 것은 축복입니다.
그러나 좋은 이웃이 될 수 있는 자격을 갖춘 크리스천이 되는 것은 더욱 큰 축복입니다.

사도 바울은 고린도전서를 통해 좋은 이웃의 가치에 대해 다음과 같이 말했습니다.

"내가 스데바나와 브드나도와 아가이고가 온 것을 기뻐하노니 그들이 너희의 부족한 것을 채웠음이라 그들이 나와 너희 마음을 시원하게 하였으니 그러므로 너희는 이런 사람들을 일아수라." – 고린도전서 16장 17-18절

말씀을 알고, 또 지키는 책임감 있는 크리스천이 되어 서로의 마음을 시원하게 해주는 이웃이 되기를 주님의 이름으로 축원합니다.

> 더불어 사는 세상입니다. 상대에게 친절을 원한다면 내가 먼저 조건 없는 친절을 베풀어야 합니다. 그래야 더불어 사는 세상을 살아갈 수 있습니다.

37

예수님의 성품

갈라디아서 5장에는 16가지 육체의 열매가 나온 뒤 9가지 성령의 열매가 나옵니다.

**'사랑, 희락, 화평, 오래 참음, 자비,
양선, 충성, 온유, 절제'**

이 9가지 성령의 열매 중 예수님을 가장 잘 나타내는 성품은 무엇이라고 생각하십니까?

확신컨대, 대부분의 사람이 '사랑'이라고 대답할 것입니다.
충분히 공감할 수 있는 대답입니다.
주님은 우리에게 최고의 사랑을 선물로 주셨기 때문입니다.

어떤 사람들은 '인내'라고 대답할 것입니다.

이것 역시 일리 있는 대답입니다.

저 역시 그리스도의 삶을 오랫동안 연구했지만, 단 한 번도 주님이 조급해하시거나, 일이 뜻대로 안 풀려 전전긍긍하는 모습을 보지 못했습니다.

'은혜'도 가능한 대답입니다.

주님은 마지막 숨을 거두시기까지 십자가 위에서도 사람들을 향해 긍휼의 마음을 품으셨습니다.

모두 틀린 답은 아닙니다.

또한 주님이 보여주신 중요한 속성들이지만 정답은 아닙니다. 제 말이 아닌 예수님의 말씀 때문입니다. 예수님은 성경에서 딱 한 번 스스로에 대해 묘사하신 적이 있습니다.

"나는 마음이 온유하고 겸손하니…." – 마태복음 11장 29절

'온유한 마음, 겸손한 마음'이 예수님이 직접 말씀하신 예수님의 성품의 가장 큰 특징입니다.

온유와 겸손은 '이타적(unselfish)'인 사람만이 가질 수 있는 성품입니다. 자신의 전부를 우리를 위해 주신 예수님이시기에 세상 누구보다 온유하고, 겸손한 삶을 사셨다고 분명하게 말할 수 있습니다.

또한 예수님의 증거에 따르면, 겸손과 온유는 크리스천인 우리가 세상에서 예수님의 성품을 보여줄 수 있는 가장 중요한 성품입니다.

영국의 정치가이자 대법관인 토머스 모어 경은 아직 종교의 자유가 허락되지 않았을 때 크리스천이라는 이유로 사형을 선고받았습니다.

사형을 선고한 판사가 마지막으로 할 말이 있냐고 묻자 모어 경이 대답했습니다.

"제가 당신을 친구라고 부르도록 허락해 주시겠습니까? 저에게 사형을 선고했다고 해서 당신의 마음에 죄책감이 들지 않았으면 좋겠습니다. 바울은 스데반을 죽였지만, 하늘나라에서 두 사람은 친구가 되어 사이좋게 지내고 있을 것입니다. 나도 당신과 이와 같은 관계가 되길 원합니다. 지금은 내가 당신에게 사형을 선고받았지만, 당신도 언젠가는 구원받아 하늘나라에서 영원을 누리는 친구가 되기를 바랍니다."

자신에게 사형을 선고한 사람의 마음을 먼저 생각하는 모어 경의 온유함에 판사는 큰 감동을 받았습니다.

"죽음을 앞둔 상황에서 어떻게 그런 말을 할 수 있습니까?"

판사의 말에 모어 경이 대답했습니다.

"예수님이 저에게 이와 같이 행하셨기 때문입니다."

예수님은 세상 모든 것 위에 군림할 자격도, 능력도 있으셨지만 힘이 아닌 온유한 마음으로 인류를 품고 구원하셨습니다. 크리스천의 진정한 힘은 권력이 아닌 겸손, 힘이 아닌 온유함에서 나옵니다.

성경은 잠언 15장 1절에서 이렇게 말씀합니다.

"유순한 대답은 분노를 쉬게 하여도 과격한 말은 노를 격동하느니라."

지혜로운 사람은 어떤 상황에서도 힘을 앞세우지 않습니다.
아무리 옳은 말이라도 다른 사람의 마음을 찌르는 말은 가슴에만 담아두십시오. 대신 부드러운 말, 온유한 말로 다른 사람의 아픔을 감싸는 지혜로운 성도가 되기를 주님의 이름으로 축원합니다.

> "말 한마디로 천 냥 빚을 갚는다"라는 속담은 그저 웃어넘기기엔 깊이 있는 말입니다. 온유하고 유순한 말로 다른 사람을 대할 때 우리의 마음도 편안해집니다.

사람을 변화시키는 사랑

"사랑과 관심이 사람을 변화시킨다."

이 말을 믿으십니까?

학교 선생님을 예로 들어봅시다.

공부를 못하는 아이는 피드백이 나쁠 수밖에 없고, 공부를 잘하는 아이는 피드백이 좋을 수밖에 없습니다. 그러나 현대 심리학의 연구에 따르면 공부는 학생의 재능보다, 선생님의 사랑과 관심이 더 중요한 변수라고 합니다.

공부를 잘하든, 못하든 선생님이 똑같은 관심과 사랑을 부어주면 두 학생 모두 능력이 똑같이 향상된다고 합니다. 때문에 공부를 못하는 학생을 다그치지 말고 칭찬과 사랑을 부어주어야 합니다. 이를 '피그말리온 효과'라고 합니다.

이처럼 우리는 현상을 놓고 정당한 비판을 내린다고 생각하지만 착각일 때가 많습니다. '피그말리온 효과'처럼 오히려 우리의 생각이 비판적이냐, 아니면 사랑을 담은 관용의 마음이냐에 따라 결과가 달라지는 경우가 더욱 많기 때문입니다. 우리 생각의 추가 어느 쪽으로 더 기울어졌느냐에 따라서 한 사람의 인생이 완전히 달라질 수도 있습니다.

비판과 미움, 분노, 용서할 수 없을 것 같은 감정….
이 모든 것은 마귀가 주는 마음입니다.
크리스천은 항상 주님이 주신 선하고 좋은 것들을 마음에 품어야 합니다.
경쟁심과 시기심에서 벗어나야 합니다.
이웃의 약점과 실수와 허물에 대해서도 용납해야 합니다. 무슨 일이든지 지나치게 비판하거나 부정적인 태도로 다가서지 말아야 합니다. 때로는 비판이 너무나 당연한 일이라 할지라도 말입니다.

마귀가 주는 감정으로 날이 선 비판의 마음은 가정과 교회 공동체에 상처를 주고 분열을 일으키며, 심지어는 개인의 인생을 망가뜨립니다. 우리의 인생은 비판이 아니라 사랑과 격려로 세워집니다.
사람은 충고가 아니라 기도로 변화됩니다.
잘못과 허물은 야단으로 고쳐지지 않고, 격려하고 사랑함으로 치유되고 회복됩니다. 바로 주님이 보여주셨듯이 말입니다.

잘못된 일이나 실수도 사랑과 용서와 인내로 받아들이면 얼마 후에 기적이 일어납니다.

한 대학교수가 학생들에게 다음과 같은 과제를 냈습니다.

"빈민가에 사는 청소년 200명의 생활을 조사하고 그들의 미래 모습을 써서 제출하시오."

그들의 생활은 너무나 열악했습니다. 범죄 사건이 빈번하게 일어나는 데다, 부모는 술과 약에 찌들어 교육에는 관심조차 없었습니다. 보고서를 작성한 학생들은 이 빈민가의 청소년 중 약 90%가 감옥에 갈 것이라고 예상했습니다.

그로부터 20여 년 뒤, 한 교수가 서류를 정리하다 이 보고서를 발견하고는 예상이 사실인지 알아보려고 연락을 시도했습니다.

200명 중 180명과 연락이 닿았습니다.

90%가 감옥에 가 있을 것이라는 예상과는 달리 변호사, 의사 등 전문직에 종사하는 학생들이 대부분이었습니다. 감옥에 간 사람은 단 4명뿐이었습니다.

교수는 이들이 예상과 달리 대부분 훌륭하게 살고 있는 이유를 파악하기 위해서 심층 인터뷰를 진행했습니다. 그리고 이들 모두가 고등학교 때 만난 한 선생님 때문에 지금처럼 살 수 있다고 입을 모아 대답했습니다.

교수는 지금은 은퇴하고 요양 중인 그 선생님을 찾아가 180명이나 되는 아이들을 변화시킬 수 있는 교육의 비결이 무엇인지를 물었습니다.

선생님은 밝은 미소를 띠며 말했습니다.

"저는 단지 모든 아이들을 사랑했을 뿐입니다."

사랑이 사람을 변하게 만듭니다.

사람을 변화시킬 방법은 오직 사랑입니다.

사도 요한은 요한일서 4장 11절을 통해 우리에게 무엇보다 서로 사랑하라고 말했습니다.

"사랑하는 자들아 하나님이 이같이 우리를 사랑하셨은즉 우리도 서로 사랑하는 것이 마땅하도다."

주님이 우리를 사랑하셨듯이 그 사랑으로 이제 서로를 사랑하는 성도가 되기를 주님의 이름으로 축원합니다.

우리는 살면서 애정 어린 말 한마디가 얼마나 큰 힘이 되는지를 수없이 경험했을 것입니다. 받은 애정의 10배, 100배의 사랑을 베푸십시오.

함께 울고, 함께 웃으십시오

'샤덴프로이데(Schadenfreude)'라는 말을 아십니까?

'남의 불행이나 고통을 보면서 느끼는 기쁨'이라는 독일어입니다.

친한 친구가 고통스러운 일을 당했을 때, 우리는 겉으로는 걱정하고 함께 슬퍼하지만 속으로는 나도 모르게 '은밀한 쾌감'을 느낍니다.

뇌과학자들의 연구에 따르면 '샤덴프로이데' 현상은 인간의 본성에 가깝다고 합니다. 스스로의 힘으로 죄를 끊어낼 수 없는 인간은 다른 사람의 좋은 일에 함께 기뻐하고, 슬픈 일에 함께 슬퍼하는 것조차 쉽지 않은 일입니다.

크리스천은 항상 기쁨 가운데 살아야 합니다.

주어진 상황과 환경에 관계없이 하나님이 주신 구원의 기쁨은 우리의 평생을 기쁨 가운데 거하게 만듭니다. 정말 놀라운 은혜가 아닐 수 없습니다.

기뻐하는 크리스천을 통해 세상 사람들은 성경이 진실이 며 그리스도께서 삶을 바꾸실 수 있다는 사실을 확신합니 다. 그 어떤 완벽한 논리와, 전도보다도 때때로 기쁨 가운데 살아가는 성도의 삶이 더 확실한 전도 방법이 되곤 합니다.

"그 때에 우리 입에는 웃음이 가득하고 우리 혀에는 찬양이 찼었도 다 그 때에 뭇 나라 가운데에서 말하기를 여호와께서 그들을 위하여 큰일을 행하셨다 하였도다." – 시편 126편 2절

우리의 얼굴에 웃음이 가득하고, 찬양이 가득 찰 때, 그 웃음과 찬양은 또 다른 사람을 변화시킬 것입니다. 웃는 사 람으로, 찬양하는 사람으로 말입니다.

그러나 이런 기쁨 가운데 거하는 크리스천은 반드시 삶 의 다음 단계로 나아가야 합니다. 어떤 상황에서도 기뻐하 는 것을 넘어서, 세상으로 나아가야 합니다. 거기에 더해 슬 퍼하는 사람을 만났을 때는 진심으로 슬퍼하며 위로하고, 기뻐하는 사람을 만났을 때는 진심으로 축하하며 기념해야 합니다.

나를 넘어서 다른 사람의 감정에 동조하고 소통하는 성 숙한 성품을 하나님은 우리에게 요구하십니다.

벨기에의 데미안 선교사는 한센병 환자들이 모여 사는

하와이 몰로카이 섬에 복음을 전하러 갔습니다. 그러나 한센병 환자들은 데미안 선교사가 일반인이라는 이유로 복음을 듣지 않았습니다. 멀쩡한 사람은 자기들의 고통을 모른다는 이유에서였습니다.

그날부터 데미안 선교사는 하나님께 기도했습니다.
"주님, 저도 한센병에 걸리게 해주십시오. 저들에게 복음을 전하고 싶습니다."

데미안 선교사는 기도대로 한센병에 걸렸습니다.
한센병에 걸린 데미안 선교사의 모습을 보고 몰로카이 주민들은 큰 감명을 받고 복음에 귀를 기울였습니다.
인류를 구원하기 위해 하나님이신 예수님이 육신을 입은 것처럼 데미안 선교사는 한센병에 걸리더라도 원주민들에게 복음을 전하길 바랐습니다. 그들과 같아지지 않고서는 그들을 이해할 수 없었기 때문입니다.

사도 바울은 로마서 12장 15절에서 이렇게 말씀합니다.

"즐거워하는 자들과 함께 즐거워하고 우는 자들과 함께 울라."

하나님은 죽어가는 우리를 구원하시기 위해 인간의 몸으로 이 땅에 오셨습니다. 그 놀라운 사랑으로 구원받은 우리가 이제는 세상 사람들을 찾아가 사랑을 전해야 합니다.

즐거워하는 자들과 함께 즐거워하고, 우는 자들과 함께 울며 놀라운 주님의 사랑을 전하는 성도가 되기를 주님의 이름으로 축원합니다.

> 주변 이웃의 기쁨과 슬픔을 함께하고 있는지 생각해 봅시다. 아픔은 나누면 반이 되고 기쁨은 나누면 배가 된다는 것을 기억하십시오.

예정된 해피엔딩

같은 영화를 두 번 보신 적이 있으십니까?

요즘 사람들은 재밌는 영화, 잘 만든 영화를 영화관에서 몇 번이고 다시 본다고 합니다. 그리고 사람들은 이런 'N회차 족'이라고 부릅니다. 선풍적인 인기를 끄는 영화 같은 경우에는 경쟁적으로 누가 더 많이 봤는지 인터넷에 티켓인증 열풍이 불기도 합니다.

우리가 가장 좋아하는 영화를 다시 한번 본다고 생각해보십시오. 만약 영화가 해피엔딩으로 끝난다면 두 번째 보는 영화는 사뭇 느낌이 다를 것입니다. 주인공이 시련을 당하고, 배신을 당하고, 위기에 처해도 마음 편히 영화를 감상할 수 있습니다. 이미 영화의 끝이 해피엔딩이라는 사실을 알기 때문입니다.

그런데 주님을 믿는 성도들의 삶이 모두 이와 같다는 사실을 아십니까?

해피엔딩이 예정된 영화가 바로 크리스천의 인생입니다.

당신의 인생은 지금 하나님의 주권 아래 있습니까?

그렇다면 곧 하나님의 다스림을 받고 있다는 뜻입니다.

하나님의 다스림을 받고 있다는 뜻은 모든 것을 아시는 주님이, 전능하신 능력으로 우리 삶에 일어날 수 없는 기적을 일으키고 능력을 베풀어주신다는 뜻입니다. 맞습니까?

"여호와의 계획은 영원히 서고 그의 생각은 대대에 이르리로다." - 시편 33편 11절

이 사실을 정말로 믿는다면 지금 우리가 가시밭길을 걷는다고 해도, 한 치 앞이 보이지 않는 칠흑 같은 어둠이라 해도 걱정할 필요가 없습니다. 감독이신 하나님이 우리 삶의 영화를 이미 해피엔딩으로 결정해 놓으셨기 때문입니다.

이유를 알 수 없는 고난이 와도 하나님을 신뢰하십시오.

이다음이 보이지 않는 막막한 상황이라도 하나님의 계획에 나의 삶을 맡기십시오. 바로 그다음에 우리 인생에 해피엔딩이 예정되어 있습니다.

예전에 주기철 목사님의 삶을 토대로 만든 뮤지컬이 있었습니다. 너무나 은혜로워 여러 번 본 성도들이 참으로 많

았습니다.

처음 본 성도들은 주기철 목사님이 고문을 당하며 옥고를 치르는 장면에서 연신 눈물을 훔칩니다. 그러나 두 번, 세 번 뮤지컬을 보면서는 더 이상 눈물을 흘리지 않습니다. 감성이 메말라서가 아니라, 장면이 익숙해서가 아니라, 고초를 겪으면서까지 지키고자 했던 주기철 목사님의 순전한 믿음으로 감상의 초점이 옮겨지기 때문입니다.

만약에 고문을 당하는 장면을 견디지 못해 중간에 나간다면 이 뮤지컬은 잔인한 고문을 당하는 어리석은 신앙인의 모습을 그려낸 작품처럼 보일 것입니다. 그러나 끝까지 자리를 뜨지 않고 뮤지컬을 감상한다면 마지막까지 신앙을 지켜내고 하나님의 부르심을 받은 믿음의 거목의 삶을 그린 작품을 감상할 수 있습니다.

그렇습니다.
끝이 어떠하든지 모든 크리스천의 삶은 결국엔 해피엔딩입니다.

우리 삶에 임하시는 하나님의 손길을 잊고 살아갈 때 우리는 눈앞의 작은 장애물에도 불안해합니다. 우리 삶이 결국 해피엔딩으로 끝난다는 사실을 잊게 됩니다.

하나님을 온전히 신뢰하는 진짜 믿음을 가진 성도가 되려면, 지금 아프고 고통스러운 상황 가운데 있더라도 그것을 허용하신 하나님 아버지의 계획이 완전하고 선하심을 인정해야 합니다.

하나님의 계획은 완전합니다.
하나님의 계획은 영원합니다.
하나님이 뜻대로 우리를 부르셨고, 하나님의 완벽한 마스터피스에 우리 삶을 사용하심을 흔들림 없이 믿으십시오.

"우리가 알거니와 하나님을 사랑하는 자 곧 그의 뜻대로 부르심을 입은 자들에게는 모든 것이 합력하여 선을 이루느니라." – 로마서 8장 28절

우리 삶을 결국은 해피엔딩으로 이끄실 하나님을 신뢰하고 따라가기를 주님의 이름으로 축원합니다.

> 주님을 영접하는 그 순간 영원한 기쁨을 누리는 천국의 약속이 우리에게 주어졌습니다. 주님의 완전하신 계획을 신뢰하며 어떤 상황에도 흔들리지 않는 믿음을 달라고 기도합시다.

5부

전심으로

미국의 제29대 대통령 워런 하딩은 미국인이 가장 싫어하는 역대 대통령 1위의 인물입니다.

하딩은 정치 생활 중에도 썩 평가가 좋지 않았습니다.

본인도 자신이 대통령 역할을 수행할 능력이 안 된다고 생각했습니다. 가장 친한 친구인 머리 버틀러에게 보내는 편지에서 하딩은 다음과 같이 고백했습니다.

"나는 대통령직에 적합하지 않은 사람입니다. 이 직책을 맡지 않았어야 했어요."

그러나 그는 국민의 선택을 받아 대통령에 선출됐습니다.

미국 국민들은 하딩에게 왜 투표를 했을까요?

그 이유는 단 하나, 외모 때문입니다.

하딩은 모르는 사람이 봐도 '대통령'에 어울리는 준수한 외모였습니다. 이 외모 덕분에 별다른 업적도, 능력도 없었지만 60%라는, 그때까지 최고의 득표율로 대통령에 당선됐습니다.

어떤 정치인은 당선 첫날, 자신이 줄기차게 내세웠던 공약 8가지를 바로 폐기했다고 합니다. 국민들은 이 정치인이 유세 활동 중에 내세웠던 공약이 진심이라고 생각해서 표를 줬을 것입니다. 그러나 당선 하루 만에 손바닥 뒤집듯이 자신의 공약 중 무려 8개를 파기했습니다.

대중들의 인기를 얻기에 급급한 정치인들은 말에만 집중하고, 진심이 담겨 있지 않기 때문에 일어나는 일들입니다.

'외모지상주의'라는 말이 생길 정도로 사람들이 그 어느 때보다 겉모습에 집착하는 시대입니다.

사무엘도 이스라엘의 새로운 왕을 찾으러 이새를 찾아갈 때 아들들의 용모를 살폈습니다. 그러나 가장 뛰어난 용모의 아들이 하나님이 찾으시던 사람은 아니었습니다.

하나님께서 정말로 찾고 계시는 것은 무엇일까요?

'진실한 마음'입니다.

하나님은 예나 지금이나 다가올 미래나 상관없이 언제나 전심으로 하나님을 구하는 사람들을 찾고 계십니다.

'전심으로' 말입니다.

하나님은 겉모습만 그럴듯한 사람들을 찾으시지 않습니다. 깊은 영성, 겸손함, 정직함, 정결한 마음을 가진 경건한 종들을 찾고 계십니다.

세상은 다른 사람들의 마음을 얻기 위해서라면 '친절, 겸손, 예의' 등의 성품들을 겉으로라도 연기하라고 가르치지만, 이런 위선으로는 하나님을 기쁘시게 할 수 없습니다. 이런 위선으로는 하나님의 사람이 될 수도 없습니다.

우리는 좋은 인상으로 전능하신 하나님을 속일 수 없습니다.
하나님은 외적인 것에 끌리고 감동받는 분이 아니십니다.
하나님은 오직, 신령과 진정으로 하나님을 예배하고 구하는 사람들을 찾으십니다.

존 워너메이커가 '백화점 왕'으로 불릴 정도로 성공한 비결은 다름 아닌 '정직'이었습니다. 가게의 이득을 위해 손님들을 속이는 것이 당연했던 당시 상인들의 세계에서, 워너메이커는 손님들에게 정직한 가격에 좋은 물건을 판매했습니다. 독실한 크리스천이었던 워너메이커는 하나님의 말씀대로 정직했습니다. 결코 손님을 속이지 않고 전심으로 대했습니다. 하나님을 섬기듯이 말입니다.

하나님을 향한 우리의 믿음이 이런 믿음이 됐으면 좋겠습니다.

잠언 11장 3절은 참된 지혜가 무엇인지 우리에게 다음과 같이 말하고 있습니다.

"정직한 자의 성실은 자기를 인도하거니와 사악한 자의 패역은 자기를 망하게 하느니라."

사람을 대할 때도, 하나님을 섬길 때도 위선이 아니 마음의 중심까지 정직하고 성실하게 전심으로 대하고 섬기기를 주님의 이름으로 축원합니다.

우리의 삶은 '정직'이라는 단어 앞에 떳떳할 수 있습니까? 세상이 각박하고 삶이 퍽퍽할수록 정직을 가슴에 새기며 오늘도 주안에서 승리합시다.

슬기로운 신앙생활

경건한 삶을 살아가려면 어떻게 해야 할까요?

하나님의 마음을 더 깊이 깨닫기 위해선 어떻게 해야 할까요?

중세 시대에는 고행을 해야 한다고 생각했습니다.

당시 영성을 추구하는 사람들은 하루에 한 줌의 음식으로 버텨가며 하루 종일 골방에서 무릎을 꿇었습니다.

어떤 사람은 광야에 높은 초가집을 짓고 몇 년 동안 내려오지 않고 살았습니다. 무릎으로 교회의 계단을 올라가며 기도하는 고행도 있었습니다.

바로 마틴 루터가 무릎으로 교회 계단을 오르며 고행으로 깨달음을 구하던 사람이었습니다. 무릎에 피가 나는데도 기도를 멈추지 않던 루터는 고행이 아닌 믿음으로 구원받는다는, 즉 '이신칭의(以信稱義)'를 깨닫고 종교개혁을 일으켰습니다.

크리스천은 금욕주의적이라는 생각이 지금도 사람들의 머리에 박혀 있는지, 종교개혁이 일어난 지 500년이 지났지만, 여전히 많은 크리스천이 쾌락과 즐거움을 올바로 구분하지 못하고 있습니다.

믿는 크리스천들, 바로 우리는 더 명랑해질 필요가 있습니다. 영성과 즐거움은 매우 잘 어울리는 한 쌍이기 때문입니다.

성경은 이에 대해 다음과 같이 말합니다.

"마음의 즐거움은 얼굴을 빛나게 하여도 마음의 근심은 심령을 상하게 하느니라." – 잠언 15장 13절

내적인 기쁨은 밖으로 표출될 수밖에 없습니다. 이 기쁨은 숨길 수 없는 기쁨입니다.

세상에서 가장 행복한 사람이 누구겠습니까?

주님의 사랑으로 구원받은 크리스천입니다.

바로 우리입니다.

이 기쁨을 안고 살아가는데 즐겁지 않을 수가 없습니다.

이 기쁨을 잊지 않는 사람은 어떤 상황에서도 참된 행복을 누립니다.

신앙생활이 바로 행복입니다.

고행과 근심, 걱정은 올바른 신앙생활을 할 때 생겨나는 현상들이 아닙니다.

"마음의 즐거움은 양약이라도 심령의 근심은 뼈를 마르게 하느니라." – 잠언 17장 22절

상한 감정을 치유하며 영혼을 치유하는 게 무엇입니까?
즐거운 마음입니다.
구원받은 우리보다 더 즐거워야 할 이유가 있는 사람이 또 어디 있겠습니까?
신앙생활은 고행, 희생으로 이루어지는 것이 아닙니다.
올바른 신앙생활은 오히려 우리에게 축복을 줍니다.

'힐튼 호텔'의 창업자 콘래드 힐튼의 어머니는 어려서부터 아들에게 시도 때도 없이 신앙생활의 중요성을 강조했습니다.
"인생에서 어떤 힘든 순간을 만나도 낙심하지 말고 하나님께 아뢰거라. 하나님이 너에게 이길 힘과 용기를 주실 것이란다."

힐튼은 어머니의 가르침을 귓등으로 듣고 무시했습니다. 힐튼은 오직 성공을 위해 모든 삶을 헌신했습니다. 그러나 힘겹게 세운 호텔은 금세 파산하며 모든 것을 잃었습니다

인생에서 모든 것을 잃었던 바로 그때 어머니가 어려서부터 가르쳐주신 신앙생활과 하나님의 말씀이 생각났습니다. 그 말씀으로 하나님께 돌아온 힐튼은 신앙생활 중에 다시 도전할 힘과 용기를 얻었습니다. 그리고 지금의 우리가 아는 힐튼 호텔이 탄생했습니다. 이는 힐튼이 자서전에서 직접 밝힌 내용입니다.

사도 바울은 고린도전서 16장 18절에서 고린도 성도들을 향해 이렇게 말했습니다.

"그들이 나와 너희 마음을 시원하게 하였으니 그러므로 너희는 이런 사람들을 알아주라."

신앙생활의 본질을 아는 사람들은 마음이 더욱 즐거워지고 하나님의 큰 복을 경험합니다.

누군가의 마음을 시원하게 해주는, 한여름 시원한 냉수 같은 행복을 안겨주기를 주님의 이름으로 축원합니다.

몸의 병을 치유하는 것도 중요하지만 마음의 병을 치유하는 것은 더 중요합니다. 영과 육이 건강한 삶을 위해 즐거운 마음으로 매일매일을 맞이합시다.

순종의 타이밍

지금 자신의 모습에 몇 퍼센트나 만족하십니까?

100%라고 말하는 사람은 한 명도 없을 것입니다. 대부분 무언가 더 나아지기를 바라고 노력하고 있을 것입니다. 하나님을 처음 만난 모세처럼 말입니다.

모세는 이런저런 핑계를 대며 하나님이 주신 사명을 피하려고 했습니다. 나이가 많아서, 말을 잘못해서, 도망쳐 나와서, 사람들이 말을 안 들을 것 같아서….

하지만 하나님이 원하시는 것은 오직 하나, 지금 모습 그대로, 하나님의 말씀에 순종하는 것이었습니다.

내가 능력이 없는 상태인데 있는 척 착각하라는 말이 아닙니다.

'무슨 일이 있더라도 하나님을 신뢰하라'는 뜻입니다.

하나님 앞에선 우리에게 '만약', '그리고' 혹은 '그러나'와 같은 말은 있을 수 없습니다.

내 부족한 능력을 인정하고 있다면, 하나님의 전능하심도 인정해야 합니다.
어떤 상황에서도 인정해야 합니다.

풀무불에서 타 죽어도, 안 타 죽어도 하나님을 섬기겠다는 다니엘의 세 친구의 고백처럼 하나님이 나에게 실패를 주시든, 성공을 주시든 주님을 신뢰하며 찬양해야 합니다.

어떤 사람의 고백입니다.
"나는 의심의 구덩이에 빠져 시간을 낭비하지 않겠다. 어떤 일을 당해도 좌절하지 않겠다. 실패하지 않겠다. 하나님이 바라시는 것이 지금 모습, 지금 상태 그대로 오직 말씀에 순종하는 것임을 알고 있기 때문이다. 그 누구도 완벽할 수 없다. 그러나 완전하신 하나님의 손에 붙들릴 수는 있다."

'완벽(完璧)'이라는 단어는 중국 고사에 나오는 가장 귀한 보물 '화씨지벽(和氏之璧)'으로 인해 생긴 단어입니다.
화씨지벽은 본래 옥으로 된 돌덩이였습니다.
초나라 사람 변화가 이 옥덩이의 가능성을 보고 왕에게 진상했지만 왕은 아무 쓸모도 없는 돌을 가져왔다며 오히려 벌을 내렸습니다.

그러나 이 옥덩이의 진가를 알아본 장인의 손에 의해 '화씨지벽'이 탄생했습니다. 진나라의 소양왕은 '화씨지벽'을 가지려고 15개의 성을 내놓았습니다.

지금 우리 인생이 겉으로 보기에는 아무런 쓸모도 없는 돌덩이 같을지라도 하나님의 손에 들리면 완벽한 보물로 거듭납니다. 이것이 구원의 놀라운 비밀입니다.

모든 조건이 완벽해지길 기다리지 마십시오.
내 앞을 가로막고 있는 위험들이 모두 사라지기를 기다리지 마십시오.
100% 안전함을 추구하지 마십시오.
대신 있는 모습 그대로 주님 앞에 나아가십시오.
지금 모습 그대로 나를 사랑하십시오.
지금 모습 그대로 주님의 말씀에 순종하십시오.

있는 그대로의 지금 내 모습을 사랑하십시오.
하나님께서 나의 이 모습을 사랑하시고 함께 하십니다.
이 모습 그대로 나아갈 때 주님이 받아주시고 놀라운 힘을 주십니다.

있는 모습 그대로 평생을 주님께 헌신한 사도 바울은 빌립보서 4장 13절에서 이렇게 고백하고 있습니다.

"내게 능력 주시는 자 안에서 내가 모든 것을 할 수 있느니라."

있는 모습 그대로 하나님 앞에 쓰임 받는 삶을 살기를 주님의 이름으로 축원합니다.

> 우리 모두는 저마다의 달란트가 있습니다. 하나님이 주신 달란트를 가진 스스로를 자랑스러워해야 합니다. 그리고 우리의 달란트를 필요로 하는 사람들을 위해 사용하십시오.

날마다 행복할 수 있는 비결

"최후에 웃는 사람이 진정한 승자다"라는 말이 있습니다. 이는 신앙적으로도 틀린 말이 아닙니다. 평생 신앙생활을 잘해도 마지막에 믿음을 져버리면 모든 것을 잃습니다.

그렇다면 언제, 어떻게 웃어야 인생을 잘 사는 걸까요?

마지막에 웃도록 평생을 참으면서 사는 삶이 신앙인으로서 올바른 삶일까요?

90세가 넘은 할머니라고 밝힌 어떤 분이 익명으로 인터넷에 올린 글입니다.

"마지막에 웃는 사람이 승자라고 생각해서 평생을 참고 살았는데, 나이가 들고 보니 많이 웃는 사람이 승자라네. 나이 먹어서 뭘 하려고 해도 힘이 없고 예전 같지가 않네.

젊은이들, 행복은 내일 오는 것이 아니라 오늘 찾아오는 것이라네. 되도록 많이 웃으며 오늘을 행복하게 살아가게."

우리의 믿음이 바로 서 있다면, 저는 이 말이 참으로 맞는 말이라고 생각합니다.

신앙의 표준 문서라고도 볼 수 있는 웨스트민스터 소요리 문답의 첫 번째 질문은 "사람의 제일 되는 목적이 무엇인가?"입니다.

이 질문에 대한 대답은 이렇습니다.

"사람의 제일 되는 목적은 하나님을 영화롭게 하는 것과 영원토록 그를 즐거워하는 것이다."

당신이라면 어떻게 대답하시겠습니까?

진정한 신앙생활은 우리에게 매일 즐거움이 되고, 행복이 됩니다. 나를 희생해서 주님을 섬기고 순종하는 것이 신앙생활의 주된 목적이 아닙니다. 크리스천의 삶의 목적은 하나님을 기쁘시게 하는 것, 다시 말하면 하나님과 함께 웃으면서 살아가는 것입니다.

변화산에서 하나님의 영광을 마주한 제자들이 느꼈던 기쁨과 즐거움이 우리 삶에 매일 임해야 합니다. 제자들은 하나님의 영광을 마주한 기쁨이 너무나 커서 산에서 내려가고 싶어 하지 않았습니다.

하나님을 믿고 따르는 크리스천은 언제나 기쁨 가운데 거합니다. 우리는 하나님이 주신 이 놀라운 기쁨을 억제해서는 안 됩니다. 기쁨과 행복은 하나님이 주신 것입니다. 우리를 위해 축복하신 선물입니다.

영원한 행복은 하나님과 불가분의 관계가 있습니다.
하나님을 믿지 않고서는 이 참된 행복을 누리며 살아갈 수 없습니다. 세상의 모든 행복은 일시적이고 허무한 쾌락에서 멈춥니다. 그리고 하나님이 주신 이 놀라운 행복은 바로 '지금'을 위한 것입니다.

주님을 영접한 그날부터 우리는 하나님이 주시는 이 행복을 누리며 살아가야 합니다.
특정한 나이가 되어야, 특정한 때가 되어야, 특정한 사역을 해야 이 행복을 누릴 수 있는 것이 아닙니다. 주님을 영접한 모든 성도는 매일 이 행복을 누릴 자격이 있습니다.

행복은 우리가 살아가는 '모든 날' 동안 누려야 합니다. 내가 행복해야 다른 사람을 행복하게 할 수 있습니다. 행복하지 않은 신앙생활은 의미가 없습니다.
전도자 무디에게 가장 큰 깨달음을 줬던 사람은 거리를 청소하는 평범한 미화원이었습니다.
콧노래를 부르며 즐겁게 청소하는 미화원의 모습에 감화를 받은 무디가 물었습니다.
"형제여, 그렇게 즐겁게 청소를 할 수 있는 비결이 무엇입니까?"

미화원이 대답했습니다.

"나는 지금 거리를 청소하고 있는 게 아닙니다.

하나님이 창조하신 놀라운 세상을 청소하고 있는 겁니다."

주님을 믿고 구원받은 사람은 이전과는 완전히 다른 세상에서 살아갑니다. 같은 청소를 해도 목적이 다르고, 같은 일을 해도 느끼는 행복이 다릅니다.

사도 바울은 고린도전서 16장 18절에서 이렇게 말하고 있습니다.

"그들이 나와 너희 마음을 시원하게 하였으니 그러므로 너희는 이런 사람들을 알아주라."

주님이 허락하신 하루 가운데 참된 행복을 누리며, 또 누군가를 행복하게 만들기를 주님의 이름으로 축원합니다.

> 과연, 행복은 멀리 있는 것일까요? 우리 마음속에 행복이 들어있다면 나 아닌 다른 사람의 마음속에도 행복을 전할 수 있습니다. 우선 나부터 행복을 찾읍시다.

진주를 만드는 인내심

당신은 화가 날 때 어떻게 합니까?

상대방을 찾아가 분을 쏟아놓는, 소위 말하는 뒤끝 있는 사람입니까? 아니면 마음속에 담아두었다가 화병으로 쓰러지는 답답한 사람입니까?

위의 두 경우 모두 성경이 말하는 정답은 아닙니다.

미국의 대통령이었던 링컨은 재임 시절 많은 정적을 두고 있었습니다. 많은 정치인과 언론이 링컨을 두고 얼토당토않은 이유로 비난했습니다. 그럴 때마다 링컨은 상대를 더욱 맹렬히 비난하는 편지를 작성했습니다. 그러나 실제로 부친 편지는 단 한 장도 없었습니다.

링컨은 작성한 편지를 서랍에 넣어두고 3일 뒤 다시 한 번 읽어보는 습관이 있었는데 결국 훨씬 더 온화하고 유한 내용의 편지로 다시 써서 보냈습니다. 3일의 인내가 이성을 찾고 신앙인인 링컨으로서의 정체성을 되찾아준 것입니다.

사람이라면 아예 화를 내지 않을 수는 없습니다.
그러나 이 화라는 감정을 지혜롭게 다루고, 나를 더 성장시키는 양분으로 삼을 수는 있습니다.

"분을 내어도 죄를 짓지 말며 해가 지도록 분을 품지 말고." – 에베소서
4장 26절

화를 내어도, 죄를 지어선 안 되고, 너무 오래 품어두어도 안 됩니다. 이 말은 상대방을 찾아가 속마음을 쏟아내거나 싸우라는 말이 아니라 용서하라는 말입니다.
분노의 감정을 좋아하는 사람은 없습니다.
그러나 하나님의 말씀으로 무장할 때 화라는 부정적인 에너지로도 긍정적인 일들을 해낼 수 있습니다.

화는 위장이나 폐 같은 장기와 같습니다.
위장이나 폐에 질환이 있다고 그것을 떼어 버릴 수는 없습니다. 화도 마찬가지입니다. 오히려 화를 인정하고 잘 감시하며 긍정적인 에너지로 바꾸려고 노력해야 합니다.

조개가 살을 깎는 아픔을 견뎌내고 모래를 품을 때 진주라는 보석이 완성됩니다. 이 사실은 이제 누구나 알고 있

습니다. 그런데 모든 조개가 모래를 품을 수 있다는 걸 알고 계십니까? 많은 조개가 모래를 품어 진주를 만들려고 하지만 고통을 참지 못해 중간에 뱉어내거나, 모양이 이상한 진주를 만들어냅니다.

동그랗고 예쁜 진주를 완성할 수 있는 인내심을 가진 조개는 전체 종류 중 5%밖에 되지 않는다고 합니다. 그래서 같은 조개지만 이런 조개를 '진주조개'라고 부릅니다.

성경은 잠언 19장 11절에서 이렇게 말하고 있습니다.

"노하기를 더디 하는 것이 사람의 슬기요 허물을 용서하는 것이 자기의 영광이니라."

분을 인내하며 지혜롭게 다룰 때 우리 삶에 하나님이 내려주시는 진주 같은 은혜가 찾아옵니다.

화를 잘 다스리고 노하기를 더디 하여 슬기로운 삶을 살아가기를 주님의 이름으로 축원합니다.

> 화를 다스리는 것은 생각보다 쉽지 않습니다. 그렇기에 화를 다스리는 사람은 성공의 길에 한 걸음 가까이 다가가게 됩니다. 지금, 우리는 화를 잘 다스리기 위해 노력해야 합니다.

46

작은 손의 기적

당신은 풍족한 삶을 살고 있습니까?
하나님이 주신 넉넉한 복을 나누며 살고 있습니까?

성경은 베푸는 사람에게 하나님이 더 큰 복을 주신다고
여러 차례 말씀하고 있습니다.

> "구제를 좋아하는 자는 풍족하여질 것이요 남을 윤택하게 하는 자는
> 자기도 윤택하여지리라." – 잠언 11장 25절

하나님은 관대히 베푸는 사람을 축복하시겠다고 분명히
약속하셨습니다. 그럼에도 많은 크리스천이 나누는 일에 인
색합니다. 자기는 충분히 받지 못했다고 여기거나, 아니면
하나님의 말씀을 믿지 못해서인 것 같습니다.

저는 베푸는 사람을 축복하시겠다는 하나님의 약속을 감히 시험해 보았던 사람들의 수많은 간증을 알고 있습니다.

하나님의 말씀을 믿었지만 이 사람들은 자기의 쓸 것이 부족하게 될까 봐 염려했습니다. 많은 돈을 벌수록 커지는 액수의 십일조를 부담스러워하는 사람도 많았습니다. 그럼에도 실천하자 하나님은 넘치는 복을 주셨습니다.

수백 년, 수천 년 동안 하나님은 동일한 원리로 축복을 주셨습니다. 하나님께 드리는 사람의 곳간은 결코 바닥나지 않고, 나누는 사람은 더욱 풍성한 큰 복을 받습니다.

오병이어의 기적처럼, 사르밧 과부의 항아리처럼 말입니다. 항아리에 있는 적은 밀가루를 하나님의 일을 위해 드릴 때, 작은 물고기 5마리와 떡 2개를 하나님 앞에 가져올 때, 5천 명이 먹고도 남는 놀라운 큰 복이 일어납니다.

주님 앞에 작은 것을 가져온 아이의 나눔이 없었더라면 5천 명이 넘게 배불리 먹고, 12 광주리가 남는 놀라운 축복은 일어나지 않았을 것입니다. 우리에게 있는 것을 다른 사람과 나눠야 할 이유입니다.

욕심, 탐욕, 망설임, 후회, 의심, 여러 가지 벽으로 나누지 못하고 있을 수도 있습니다. 이유가 무엇이든 그것을 회개하고, 후히 드리는 사람이 받는 하나님의 복을 받으십시오. "하나님은 즐겨내는 자를 사랑하신다"라는 말씀을 기억하십시오.

예수님은 두 벌 옷 있는 사람은 한 벌을 다른 사람에게 나누어주라고 말씀하셨습니다. 모든 것이 풍족한 오늘날의 사람들은 이 말을 사치를 부리지 말라는 정도로 받아들입니다. 그러나 주님이 말씀하신 이 두 벌 옷은 말 그대로 두 개의 옷을 뜻하는 말입니다.

예수님이 말씀하신 옷은 밤이나 잘 때 입는 두꺼운 겉옷입니다. 이 옷이 없는 사람은 밤에는 추위에 떨어야 했습니다. 그래서 겉옷이 두 벌이나 있는 사람은 한 벌을 다른 사람에게 나누어 주라고 예수님은 말씀하셨습니다.

초대교회 성도들은 주님의 이 말씀을 그대로 따랐습니다. 자신들도 가난하고 먹을 것이 없었지만 남을 위해 모든 것을 내어놓고 통용하여 썼습니다.

신약성경에는 유독 금식이 자주 언급되는데 이 금식은 자신이 먹을 한 끼의 음식을 아껴서 다른 성도에게 대접한다는 의미도 있습니다.

작은 것을 나눌 때 어떤 기적이 일어났습니까?

복음이 유럽으로, 미국으로, 한국으로, 세계로 퍼져나가는 진정한 놀라운 축복이 일어났습니다.

당신이 가지고 있는 작은 것은 무엇입니까?

그것을 다른 사람들을 위해 주님께 드릴 때 큰 기적을 가져오게 된다는 것을 잊지 마시고 기쁨으로 주님께 드리기를 주님의 이름으로 축원합니다.

> 우리에게는 보잘것없이 작은 것이 누군가에게는 기적을 만드는 마중물이 될 수 있습니다. 항상 어려운 이웃과 함께 할 수 있도록 노력합시다.

47

하나님을 탓하지 마십시오

신앙생활을 하면서 가장 힘든 부분은 무엇입니까?

저는 1순위가 고통, 2순위가 순종이라고 생각합니다.

예수님과 첫사랑에 빠질 때 우리는 구원의 환희를 느낍니다. 더 이상 인생에 아무런 문제도, 어려움도 찾아오지 않을 것 같습니다. 그러나 시간이 지나면 어김없이, 믿지 않는 사람과 똑같은, 혹은 더 어려운 문제들이 찾아옵니다. 아이러니하게도 바로 그 순간이 더더욱 하나님께 순종해야 할 때입니다.

그렇습니다.

우리는 가장 힘들 때, 더 힘든 결단을 내려야 합니다.

바로 고난을 겪으면서도 하나님을 순종하는 일입니다.

하나님의 뜻을 깨닫고 이해하는 일이 신앙생활에 어려움을 주지는 않습니다.

오히려 믿지 않는 사람들도 성경이 좋은 교훈이라고 생각해 읽는 경우도 많습니다. 미국 변호사들이 가장 많이 읽는 성경이 로마서라고 합니다.

이처럼 성경을 읽는 것도 중요하지만, 정말 어려운 것은 하나님의 뜻을 아는 것이 아니라 하나님의 뜻에 '순종하는 것'입니다.

솔직하게 우리 삶을 되돌아봅시다.

하나님의 뜻을 몰라서 행하지 않았다기보다는 알면서도 마음이 완악해져서 발걸음을 돌린 적이 더 많지 않습니까?

혹시 나에게 왜 이런 고난을 주시냐며 울분을 토하면서 순종을 거부하지는 않았나요?

우리의 문제는 우리가 알지 못해서 생기는 것이 아닙니다. '알지만' 기꺼이 '순종하지 않아서' 생기는 것입니다. 오히려 알면서도 하나님을 탓합니다.

하나님께 감사한 기억과 불평한 기억 어느 것이 우리의 신앙생활에 더 많은 비중을 차지하고 있습니까?

이것이 그리스도인의 삶에서 가장 힘든 부분입니다.

성령님은 우리의 삶에 수시로 하나님의 뜻이 무엇인지를

알려주십니다.

기도할 때, 말씀을 볼 때, 경건 서적을 읽을 때, 때로는 길을 걷다가도 수시로 알려주십니다. 우리가 고난 중에 있을 때도 마찬가지입니다.

이 음성에 저항하지 말고 순종하십시오. 그리고 어떤 상황에서도 하나님을 탓하지 마십시오.

독일 뤼베크(Luebeck) 교회 돌벽에는 작자 미상의 시(詩)로 알려진 글귀가 새겨져 있습니다.

『너희는 나를 주님이라 부르면서 순종하지 않고
너희는 나를 빛이라 부르면서 바라보지 않고
너희는 나를 길이라 부르면서 따라 걷지 않고
너희는 나를 생명이라 부르면서 원하지 않고
너희는 나를 지혜라 부르면서 따르지 않고
너희는 나를 공정하다 하면서 사랑하지 않고
너희는 나를 부유하다 하면서 내게 구하지 않고
너희는 나를 영원하다 하면서 찾지 않고
너희는 나를 자비롭다 하면서 신뢰하지 않고
너희는 나를 존귀하다 하면서 섬기지 않고
너희는 나를 강하다 하면서 존경하지 않고
너희는 나를 의롭다 하면서 두려워하지 않으니』

그러나 이 시의 백미는 마지막 한 줄입니다.

'그런즉 내가 너희를 꾸짖을 때에 나를 탓하지 말라.'

이사야 선지자는 이사야 50장 5절에서 이렇게 말했습니다.

"주 여호와께서 나의 귀를 여셨으므로 내가 거역하지도 아니하며 뒤로 물러가지도 아니하며."

하나님이 말씀하실 때 거역하지 아니하고, 뒤로 물러가지 아니하고, 언제나 순종하기를 주님의 이름으로 축원합니다.

> 우리는 알면서도 순종하지 않는 죄를 너무도 자주 저지릅니다. 하루에 한 가지라도 주님의 뜻에 순종하는 삶을 살아갑시다.

말에 여운을 남기십시오

사람을 죽이고 살리는 건 뭐라고 생각하십니까?

크리스천이면 대부분 믿음이라고 대답할 것입니다.

그런데 잠언에는 사람을 죽이고 살리는 것이 말이라고 나와 있습니다.

> "죽고 사는 것이 혀의 권세에 달렸나니 혀를 쓰기 좋아하는 자는 그 열매를 먹으리라." – 잠언 18장 21절

사람의 생각은 말이라는 틀을 통해 표현됩니다.

언젠가부터 교회 내에서 전도 대상자를 VIP라고 표현하는 것도 그런 의미에서 매우 좋은 현상입니다.

인터넷을 검색하다 보면 전도할 때 말을 잘못해서 오히려 상대방에게 상처를 준 사람들의 이야기가 심심치 않게 나옵니다. 상대방을 무시하는 듯한 전도, 안 믿으면 지옥 간

다는 전도, 죽기 싫으면 믿으라는 전도, 때와 장소를 무시한 전도….

복음은 분명히 생명이지만 말을 지혜롭게 사용하지 않으면 전할 수 없을 뿐만 아니라 오히려 반감을 사게 됩니다.

말을 사용할 때는 항상 '역지사지(易地思之)'의 자세를 가져야 합니다. 누구나 툭 던진 말 한마디에 상처받아본 경험이 있을 것입니다.

반대로 자기도 모르게 하면 안 될 말이 튀어나온 경험 역시 다들 있을 것입니다.

별것 아닌 말 한마디에 위로받고 눈물 흘리던 값진 경험 또한 있을 것입니다.

'말'은 한 글자로 된 단어 가운데 가장 큰 힘을 가진 단어입니다.

오색이 찬란한 아름다운 색도 결국은 변합니다.

산 같은 바위도 언젠가는 깎여서 사라집니다.

수백 년을 세운 성전도 무너집니다.

수많은 나라를 다스리던 제국 역시 몰락합니다.

그러나 한 현인이 남긴 지혜의 말은 지금도 남아 이어지고 있습니다.

성령님의 감동하심으로 쓰인 진리의 성경은 영원까지 사라지지 않고 이어질 것입니다.

우리는 말로 상처를 주고, 말로 위로를 받고, 말로 복음을 전하고, 말로 영혼을 살립니다. 주님이 주신 막중한 사명을 맡은 우리는 다른 무엇보다 말을 바로 사용할 줄 알아야 합니다. 경우에 합당하게 말입니다.

"경우에 합당한 말은 아로새긴 은 쟁반에 금 사과니라." – 잠언 25장 11절

'경우에 합당한 말'은 어떤 말일까요?

저는 여운이 있는 말이라고 생각합니다. 우리는 모든 것을 너무 단정 지어 생각합니다. 죄의 자녀에서 하나님의 자녀로 변화된 우리처럼 모든 사람은 새롭게 변화될 수 있는데도 말입니다. 하나님의 은혜로 상대방도 얼마든지 변화될 수 있는 사람입니다. 그렇기에 우리는 모든 말에 여운을 남겨야 합니다.

인도네시아 선교사들의 말에 따르면 인도네시아 사람들은 부정적인 말을 할 때 '꾸랑(kurang)', '블룸(belum)'이라는 여운이 있는 단어를 붙여서 사용한다고 합니다.

'꾸랑'은 '덜'이라는 단어이고 블룸은 '아직'이라는 뜻입니다. 음식이 맛이 없어도 "맛이 덜하다", 어떤 사람이 나쁜 사람이어도 "아직은 나쁜 사람이다"라는 방식으로 표현합니다.

'100% 아니다'라는 뜻의 '띠딱(titak)'이라는 단어도 있지

만 인도네시아 사람들은 잘 사용하지 않는다고 합니다.

우리가 사용하는 말에도 이런 여운이 담겨 있으면 좋겠습니다.

"아직은 구원받지 못한 사람이다."

"아직은 덜 성숙한 사람이다."

이렇게 생각하면 마음에도 여유가 생기고 더 진심을 다해 상대방을 대할 수 있습니다.

지혜의 책 잠언은 15장 23절에서 말을 아름답게 사용할 때 얻는 열매에 대해서 우리에게 가르칩니다.

"사람은 그 입의 대답으로 말미암아 기쁨을 얻나니 때에 맞는 말이 얼마나 아름다운고."

때에 맞는 말, 격려하고 세워주며 칭찬하는 말로, 하나님이 주시는 기쁨과 생명의 열매를 누리게 되기를 주님의 이름으로 축원합니다.

> 힘든 사람에게는 위로의 말을, 용기가 필요한 사람에게는 격려의 말을 할 수 있는 우리가 되어야 합니다. 말의 힘을, 위력을 실감하는 우리가 되도록 노력합시다.

49

염려를 주께 맡기십시오

힘이 들 때마다 묵상하는 성경 말씀이 있습니까?

저마다의 삶에 스며든 하나님의 말씀이 있겠지만 저는 크리스천은 다음 한 구절만큼은 항상 가슴에 품고 살아야 한다고 생각합니다. 특히나 인생이 뜻대로 풀리지 않을 때라면 더더욱 말입니다.

"너희 염려를 다 주께 맡기라 이는 그가 너희를 돌보심이라." – 베드로 전서 5장 7절

인생이 뜻대로 풀리지 않을 때, 모든 것을 포기하고 싶을 때 무엇보다 이 말씀을 명심하십시오. 이 말은 하나님께서 작은 일에 염려하는 모든 사람을 위해 처방하신 만병통치의 말씀입니다.

염려란 무엇입니까?

우리의 마음 창고에 가득 찬 하나님이 주신 기쁨을 좀먹는 것은 그것이 무엇이든 모두 염려입니다. 우리가 바꿀 수 없는 것, 우리가 책임질 수 없는 일, 우리가 제어할 수 없는 일, 우리를 위협하고 괴롭히며 동요시키고, 밤잠도 못 이루고 깨어있게 만드는 일이 염려입니다.

부자도, 거지도, 잘난 사람도, 못난 사람도, 염려와 걱정 없이 사는 사람은 단 한 명도 없습니다. 그러나 크리스천은 더는 염려와 걱정할 필요가 없습니다. 주님이 우리의 모든 염려를 맡아주시고 해결해 주시기 때문입니다.

우리가 할 일은 염려가 아닌 기도입니다.

미국의 크리스천 사업가 아서 랭크는 창업 초기에 너무나 많은 염려가 있었습니다. 하루하루를 염려와 걱정으로 전전긍긍하던 그는 '염려 상자'를 만들었습니다. 그리고 종이에 모든 걱정거리를 적은 후 기도하며 그 염려들을 상자에 넣었습니다. 랭크는 1주일에 단 하루만 그 염려 상자를 꺼내보며 염려하기로 했습니다. 베드로전서 5장 7절 말씀처럼 염려를 주님께 맡긴 것입니다.

염려를 주님께 맡기고 나서부터 랭크의 사업은 잘 풀리기 시작했습니다. 훗날 랭크는 염려로 걱정하는 모든 사람과 이 경험을 나누기 위해 자신의 간증을 담아 「염려 걱정 상자」라는 책을 썼습니다.

염려 하나하나를 하나님께 맡기십시오.

지금 당장 종이를 꺼내 당신을 근심하게 만드는 모든 염려의 목록을 적고 맨 위에 '기도 목록'이라고 적으십시오.

이제는 혼자서 근심하며 염려하지 않겠다고 주님에게 간구하십시오.

예수님은 아무런 이유 없이, 조건 없이 자신을 내주시기 위해서 이 세상에 오셨습니다. 그리고 십자가에서 우리를 위하여 모든 것을 주셨습니다. 가장 소중한 독생자를 주신 하나님이, 가장 큰 죄의 문제를 해결해 주신 하나님이, 우리의 작은 문제들을 해결해 주지 않으시겠습니까?

나를 위해 모든 것을 주신 전능하신 예수님이 우리에게 이렇게 말씀하셨습니다.

"수고하고 무거운 짐진 자들아 다 내게로 오라 내가 너희를 쉬게 하리라." – 마태복음 11장 28절

예수님께 모든 염려를 다 맡기고 주님 안에서 평안히 안식하시기를 주님의 이름으로 축원합니다.

> 힘든 일이 있다면, 해결해야 할 문제가 있다면 모두 다 주님께 아뢰십시오. 그것이 가장 빨리, 확실하게 해결하는 방법입니다.

한결같음

당신이 가장 좋아하는 나무는 어떤 나무입니까?
매년 봄을 수려하게 장식하는 화려한 벚꽃입니까?
세상에서 가장 아름다운 나무라는 봉황 나무입니까?

저는 사계절 한결같은 소나무를 좋아합니다.
벚꽃 나무는 봄을 환하게 밝혀주지만 길어야 2주를 넘지 못합니다.
봉황 나무는 긴 여름을 이겨내고 아름다운 꽃을 피워내지만 2달을 넘기지 못합니다.

소나무는 화려한 색도 없고, 아름다운 꽃도 없습니다.
그러나 언제나 그 모습, 그대로 우리 곁에 항상 머물러줍니다. 마치 주님처럼 말입니다.

"주는 한결같으시고 주의 연대는 무궁하리이다." – 시편 102편 27절

하나님은 언제나 동일하시고, 한결같으신 분입니다. 우리의 신앙과 믿음이 들쭉날쭉할 때도 하나님은 우리 곁을 떠나지 않으시고 변함없이 사랑해 주십니다. 이런 하나님께 우리도 소나무같이 충성해야 합니다.

활활 타오르다 금방 식어버리는 벚꽃 같은 믿음을 가진 크리스천, 열심히 하는 듯하다가 계절이 바뀌면 사라지는 봉황 나무 같은 크리스천은 올바른 신앙생활을 하고 있는 것이 아닙니다.

하나님이 우리에게 원하시는 것은 한결같은 충성입니다. 변함없는 순종입니다.

하나님이 온전히 우리를 사랑하시듯, 우리가 하나님은 온전히 신뢰할 때만 순종하며 충성할 수 있습니다. 다른 사람이 어떠하든, 다른 성도가 어떠하든 우리는 소나무처럼 사시사철 주님께 충성해야 합니다.

"내 종 모세와는 그렇지 아니하니 그는 내 온 집에 충성함이라." – 민수기 12장 7절

미국 오클라호마주에는 '아서 윈스턴 거리'가 있습니다.

이는 빌 클린턴 미국 대통령에게 직접 '세기의 일꾼' 표창을 받은 아서 윈스턴을 기리기 위해서 생긴 거리입니다.

아서 윈스턴은 무언가 대단한 일을 한 사람이 아닙니다.

그저 81년 동안 한 버스회사에서 성실히 소임을 다했을 뿐입니다. 100살이 넘을 때까지 매일 6시에 나와 차량을 정비하고 미소로 고객을 맞았던 아서 윈스턴, 그가 하루하루 행한 일은 누구나 할 수 있는 평범한 일이었지만 81년 동안 한결같이 반복된 성실함과 충성심은 누구도 할 수 없는 위대한 일이었습니다.

하나님은 우리가 매일 하나님께 순종하는 충성된 일꾼이 되기를 바라십니다.

비단 신앙생활에서뿐만 아니라 우리의 일터에서도, 가정에서도 말씀이 가르치는 대로 최선을 다해 주님의 향기를 풍기는 충성된 일꾼 말입니다.

하루하루를 성령님의 인도하심을 따라 말씀을 행하며 살아가고 있다면 당신은 하나님의 마음을 시원하게 하는, 하나님이 보시기에 아름다운 사람입니다.

충성된 한 명의 일꾼은 주인의 마음을 시원하게 해줍니다.

"충성된 사자는 그를 보낸 이에게 마치 추수하는 날에 얼음냉수 같아서 능히 그 주인의 마음을 시원하게 하느니라." – 잠언 25장 13절

하나님에게나 사람들에게나 마음을 시원하게 하는 지혜롭고 성실한 충성된 일꾼으로 살아가기를 주님의 이름으로 축원합니다.

우리는 어떤 사람입니까? 작은 일에도 충성하며, 성령님의 인도하심을 따라 하루하루를 살아가는 성실한 성도가 되십시오. 오늘 하루를 주님께 드리기 위해 최선을 다하십시오.

6부

친구가 되어주십시오

당신에게는 힘들고 지칠 때 의지할 수 있는 친구가 있습니까?

당신은 누군가 힘들고 지칠 때 의지할 수 있는 좋은 친구입니까?

영국 웨스트민스터의 총장이었던 신학자 알렉산더 노엘은 다음과 같이 말했습니다.

"하나님이 우리를 위로해 주시는 이유는 우리를 다른 사람들을 위로하는 위로자로 세우기 위해서입니다."

그렇습니다. 하나님께 받은 위로를 우리는 다른 사람에게 전해야 합니다.

주변을 살펴보십시오.

고개를 들어 다니는 사람들을 살펴보십시오.

사랑하는 사람을 잃은 사람, 일상의 고민에 빠져있는 사람, 인생의 갈피를 잡지 못해 괴로운 사람….

다른 사람들을 위로할 기회가 우리에겐 너무나 많습니다.

성경에서 '위로자'에 가장 어울리는 사람은 바나바입니다. 바나바는 바울을 다른 사도들 앞에서 보증한 사람이었고, '위로의 아들'이라는 별명으로 불리던 사람입니다.

바울은 누구보다 크리스천을 박해했던 사람입니다. 스데반 집사님을 죽이던 현장에도 바울이 있었습니다. 그런 바울이 하루아침에 갑자기 복음을 전하겠다며 찾아왔다고 생각해 보십시오.

그런 사람을 당신은 신뢰할 수 있겠습니까?

제자들을 찾아온 바울도 가시방석에 앉은 기분이었을 것입니다.

그런 바울을 위로하고, 인정하며, 다른 성도들 앞에서 보증한 사람이 바나바입니다. 바나바는 인간적으로 바울을 바라보지 않았고, 감정적으로 바울을 평가하지도 않았습니다. 오로지 하나님이 주시는 사랑의 관점으로 바울을 바라봤기에 가능했던 행동입니다.

바나바가 아니었다면 바울의 사역은 순조롭게 진행될 수 없었을 것이고, 하나님의 사역의 때도 늦춰졌을 것입니다. 이런 사람이 바로 하나님이 바라시는 진정한 '위로자'입니다.

당신도 누군가에게 바나바가 되어주시지 않겠습니까?

링컨이 대통령에 당선되고 한 달 뒤, 남북전쟁이 일어났습니다.

노예해방을 지지하는 링컨의 북부군은 남부군에 비해 병사가 3배나 많았지만 전투 경험 부족으로 계속해서 패배했습니다. 계속된 패전으로 사기가 떨어진 병사들은 탈영을 시도했습니다. 탈영은 군법대로 따르면 무조건 사형이었습니다. 그러나 탈영병이 워낙 많아서 합당한 탄원서가 있는 경우에는 대통령의 권한으로 사면을 해주곤 했습니다.

하루는 링컨이 탈영병의 사면서를 살펴보다가 청원서가 공란인 이상한 사면서를 발견했습니다. 장교에게 물으니 그의 가족은 전쟁통 화마에 휩쓸려 전부 죽었다고 했습니다. 친한 친구도 없다고 말했습니다. 사연을 들은 링컨은 이 병사를 사면하겠다고 말했습니다.

사면은 청원한 사람이 누구인지가 중요했기 때문에 장교

가 놀라 물었습니다.

"사면을 부탁하는 사람이 한 명도 없는데 괜찮으시겠습니까?"

링컨이 말했습니다.

"목숨을 건 전투에서는 누구나 두렵기 마련이네. 하물며 이런 안타까운 사연으로 가족을 잃은 병사가 친구가 없어 사형을 당해야 한다면 얼마나 억울하겠는가. 친구가 없어 문제라면 내가 그의 친구가 되어주겠네."

링컨은 청원서에 자신의 이름을 서명하고 병사를 사면했습니다.

이 이야기는 참으로 시사하는 바가 큽니다.

예수님은 사형 선고를 받은 우리의 친구가 되어주셨습니다. 그리고 우리에게 새로운 생명을 주셨습니다. 나를 대신해 생명을 희생한 진정한 친구보다 더 위로가 되는 일이 어디 있겠습니까?

"사람이 친구를 위하여 자기 목숨을 버리면 이보다 더 큰 사랑이 없나니 너희는 내가 명하는 대로 행하면 곧 나의 친구라 이제부터는 너희를 종이라 하지 아니하리니 종은 주인이 하는 것을 알지 못함이라 너희를 친구라 하였노니 내가 내 아버지께 들은 것을 다 너희에게 알게 하였음이라." - 요한복음 15장 13-15절

지금 우리가 사랑해야 할 친구는 누구입니까?

주님이 우리의 친구가 되어주신 것처럼, 주님이 우리를 위로해 주신 것처럼…. 바나바와 같이 다른 사람을 위로함으로 세워주는 진정한 친구가 되어주기를 주님의 이름으로 축원합니다.

> 지금, 누군가 우리를 필요로 하지는 않습니까? 도움의 손길이 필요한 이웃이 있지는 않습니까? 새 생명을 주신 주님을 생각하며 어려운 이웃을 힘을 다해 도웁시다.

드릴 수 있습니까?

사람들이 보석을 좋아하는 이유가 무엇인지 아십니까?

사람과 다르게 변하지 않아서라고 합니다. 그래서 가장 변하지 않는 다이아몬드가 보석 중에서 최고로 값진 대우를 받습니다.

부자들은 결혼반지로 대부분 다이아몬드를 고르고 서민들은 금반지를 맞추기도 합니다. 세월이 지나도 영롱한 보석처럼 두 사람의 사랑도 영원하기를 바라는 마음에서입니다.

그러나 안타깝게도 우리 모두가 알고 있듯이 사람의 마음은 정말로 쉽게 변합니다. 밤하늘의 별을 따다 줄 것처럼 호언장담하던 연인이 어느새 서로의 소중함을 잊습니다. 어린 시절 반드시 성공해서 호강시켜주겠다고 새끼손가락을 걸던 자녀의 얼굴을 보기도 힘들어집니다.

하나님께도 마찬가지입니다.

구원의 감격이 샘솟던 그 당시, 우리는 얼마나 많은 서원과 지키지도 못할 약속을 열정이란 이름으로 하나님 앞에 남발했습니까? 신앙생활의 연차가 쌓이며 그 열정은 어디 갔는지 우리는 이제 더 이상 그 뜨거웠던 시절의 공수표조차 날리지 않습니다. 오히려 매주 드리는 헌금 생활, 반드시 드려야 하는 십일조조차 아까워하며 걱정하는 처지가 되기도 합니다.

마틴 루터는 진정한 성도가 되려면 세 가지 회심을 해야 한다고 말했습니다.
- 첫째는 머리의 회심이고,
- 둘째는 가슴의 회심이고,
- 셋째는 지갑의 회심입니다.

루터는 회심은 머리에서 가슴, 가슴에서 지갑으로 이어지는데 마지막 지갑의 회심이 가장 어렵다고 말했습니다. 사람은 그만큼 물질적이며, 돈을 사랑하기 때문입니다.

"돈을 사랑함이 일만 악의 뿌리가 되나니 이것을 탐내는 자들은 미혹을 받아 믿음에서 떠나 많은 근심으로써 자기를 찔렀도다." – 디모데전서 6장 10절

그래서 주님은 우리에게 명령하셨습니다.

"주라!"

"하나님의 것을 도둑질하지 말고 바치라!"

"가진 것으로 가난한 사람을 섬기고 나누라!"

주님은 "하면 좋다. 혹은 하지 않겠니?"라고 권유하지 않으셨습니다.

분명하고 단호하게 우리에게 명령하셨습니다.

하나님의 명령대로 돈을 쓸 수 있는 사람은 다른 영역에서도 하나님의 말씀을 따릅니다. 그러나 하나님의 명령대로 돈을 쓸 수 없는 사람은 물질의 우상을 지배받고 있는 것입니다. 아무리 교회를 열심히 다녀도, 성경을 열심히 봐도, 이 사람은 절반만 회심한 미지근한 크리스천입니다.

중세 시대 한 수도원에 성직자가 되겠다고 찾아온 청년이 있었습니다.

수도원장이 이 청년의 마음이 진심인지를 알아보기 위해 한 가지 질문을 던졌습니다.

"금화 세 닢을 주님의 말씀대로 가난한 사람들을 위해 나눌 수 있겠는가?"

"네. 얼마든지 나눌 수 있습니다."

수도원장이 다시 물었습니다.

"은화 세 닢도 주님의 말씀대로 나눌 수 있겠는가?"

"당연합니다."

마지막으로 수도원장이 물었습니다.

"동전 세 닢도 주님의 말씀대로 나눌 수 있는가?"

그런데 이 말을 들은 청년이 갑자기 머뭇거렸습니다.

수도원장이 왜 망설이냐고 묻자 청년이 대답했습니다.

"사실은 제가 지금 동전 세 닢을 가지고 있어서요. 그건 좀 힘들 것 같습니다."

이 어리석은 청년의 모습이 어쩌면 지금 우리 신앙의 모습일 수 있습니다.

돈이 얼마나 우리를 미혹케 하는 잔인한 주인이 될 수 있는지 알고 계십니까?

이 사실을 깨닫지 못한다면 아무리 신앙생활을 하고 있다 해도 인생을 돈을 섬기는 데 허비해 버립니다.

예수님은 "너희가 하나님과 재물을 겸하여 섬기지 못한다"(마태복음 6:24)라고 분명하게 경고하셨습니다.

또한 예수님은 주는 사람에게 놀라운 은혜를 베풀겠다고 약속하셨습니다.

"주라 그리하면 너희에게 줄 것이니 곧 후히 되어 누르고 흔들어 넘치도록 하여 너희에게 안겨 주리라 너희가 헤아리는 그 헤아림으로 너희도 헤아림을 도로 받을 것이니라." – 누가복음 6장 38절

이것은 분명한 하나님의 약속입니다.

우리가 줄 때 하나님께 분명한 복을 받습니다.

우리가 헤아릴 때 하나님도 우리의 요청을 헤아리십니다.

갖지 못한 것은 나눌 수 있다고 말하면서도, 정작 가진 것은 나누지 못하는 어리석은 청년처럼 살아가지 않기를 소망합니다.

말로만 사랑하는 것이 아니라 주님이 지금 내게 주신 것을 기꺼이 나누는, 행함과 진실함으로 사랑을 실천하기를 주님의 이름으로 축원합니다.

> 주님께 지키지 못한 서원이 있다면 지금이라도 실천하십시오. 주님이 주신 것으로 주님의 말씀대로 나눌 수 있는 방법이 무엇인지 깊이 고민해 봅시다.

53

최고의 처방전:
웃음 한 스푼

하나님이 주신 기쁨 가운데 일상을 살아가고 있습니까?

만약 기쁨 가운데 살아가고 있다고 대답한다면 한 가지
질문을 더 하겠습니다.
당신은 어제 하루 몇 번이나 웃으셨습니까?
너무 웃어서 잘 기억이 나지 않습니까?
그렇다면 다행입니다. 그러나 웃은 기억이 언제인지 가물
가물하다면 우리의 삶, 더불어 우리의 신앙까지 다시 돌아
봐야 합니다.

하나님은 우리에게 기쁨과 즐거움이라는 축복을 주셨습
니다. 그리고 그 축복을 누리는 사람은 일상을 웃으며 살아
갑니다.
성경 말씀에도 하나님의 축복은 '웃음'으로 하나님의 저

주는 '근심'으로 나타나곤 합니다. 그만큼 웃음은 하나님께서 인간에게 주신 가장 큰 축복 중 하나입니다.

> "마음의 즐거움은 양약이라도 심령의 근심은 뼈를 마르게 하느니라." – 잠언 17장 22절

하나님이 말씀하신 대로 생육하고 번성하며, 땅에 충만하여 모든 것을 다스리는 사람은 행복과 기쁨 가운데 살아갈 수밖에 없습니다.

아침에 눈을 떠도 즐겁고, 하루를 살아가며 누리는 모든 일이 즐겁습니다. 여기에 더해 예수님이 주신 구원의 기쁨을 누리며 살아가는 그리스도인이라면 응당 아침부터 저녁까지 웃음이 끊이지지 않은 삶을 살아가야 합니다. 그렇지 않는다면 하나님이 웃음에 이토록 많은 이로운 효과가 있도록 만들지 않으셨을 겁니다.

심리학자들에 따르면 웃음의 종류는 180개가 넘는다고 합니다.

지금까지 밝혀진 연구결과에 따르면 웃음은 만병통치약이라고 불러도 과언이 아닙니다. 하루에 3, 4분만 웃어도 맥박이 운동할 때처럼 뛰어 혈관이 깨끗해지고 혈액순환이 좋아집니다. 혈압과 스트레스 지수가 현저히 낮아지며 분노의 감정과 긴장까지 완화해 줍니다.

많이 웃을수록 시력이 보호된다는 연구도 있습니다.

미국 뉴욕대학교 의대의 연구에 따르면 충분히 웃기만 해도 기대 수명이 8년이나 늘어난다고 합니다. 더욱 놀라운 사실은 이렇게 놀라운 웃음이란 약은 부작용이 전혀 없다는 것입니다. 심지어 억지로 웃어도 효과는 같습니다. 그래서 우리는 웃어야 합니다. 그리고 남을 웃게 만들어야 합니다. 진정한 기쁨을 아는 사람이 바로 우리 크리스천이며, 이 기쁨을 전해야 할 사명을 가진 사람들이 바로 우리 크리스천이기 때문입니다.

서울에서 30년 넘게 개인택시를 운전하는 기사님이 있습니다.

이 기사님은 개인 팬카페가 있을 정도로 사람들의 인기를 얻고 있습니다. 카페 회원 대부분은 기사님의 유머 감각에 반한 승객들입니다. 택시 기사로 일하던 중 간염과 췌장염에 동시에 걸려 사경을 헤매던 기사님은 웃음을 통해 극적으로 건강을 회복했습니다.

자신의 경험을 통해 웃음의 힘을 깨달은 기사님은 승객들에게 웃음을 주기 위해 부단히 노력했습니다. 유명인 성대모사부터, 최신 유행하는 유행어까지 모두 습득하고, 때때로 유머를 불편해하는 손님을 만나도 마음을 굽히지 않고 모든 노력을 다했습니다. 그 결과 많은 손님이 기사님을 통해 웃음을 되찾았습니다. 온종일 짜증과 불평에 휩싸여

있다가도 기사님의 유머 덕분에 하루의 즐거움을 찾았다는 '간증문'도 카페에 한가득입니다.

'웃음 치료의 창시자'로 불리는 노만 카슨스는 미국의 언론인이었습니다.

온몸이 시멘트처럼 굳는 강직성 척수염이라는 병에 걸린 카슨스는 현대의학으로는 고칠 수 없다는 판정을 받았습니다. 혹시 다른 방법이 없나 수소문을 하던 카슨스는 대체 요법 중 하나인 웃음 치료를 따라서 몇 주간 신나게 웃기만 했습니다. 그런데 거짓말처럼 강직성 척추염이 깨끗이 나았습니다. 자신의 경험을 토대로 카슨스가 개발한 '웃음 치료학'은 현대의학이 포기한 많은 불치병 환자들을 낫게 했습니다.

웃음은 그야말로 하나님이 우리에게 주신 만병통치약입니다.

우리나라 군부대에서 '웃음 벨'이라는 시스템을 운영한 적이 있습니다. 정해진 시간에 벨을 누르면 장병들은 그 자리에서 소리를 내서 억지로 웃어야 합니다. 억지웃음도 건강에 효과가 있고 관계를 더 좋게 만드는 긴장 완화 효과가 있어서 정해진 시간에 '웃음 벨'을 눌러서라도 억지로 웃게 만든 것입니다.

크리스천에게 '믿음'은 매일, 매시간 우리를 웃게 하는 '웃음 벨'이어야 합니다.

영생의 축복을 누리는 사람처럼 기뻐하십시오.
그 기쁨을 통해 다른 사람을 기쁘게 하십시오.
같은 믿음을 공유한 성도들이 모인 교회가,
우리 가정이, 일터가,
세상 곳곳으로 웃음을 퍼트리는
기쁨의 전진 기지가 되도록 노력하십시오.
하나님이 우리에게 영원한 즐거움을 허락하셨습니다.

"땅에 있는 성도들은 존귀한 자들이니 나의 모든 즐거움이 그들에게 있도다." – 시편 16편 3절

주님이 주신 기쁨으로 매일 웃으며 살아가고, 다른 사람에게 웃음을 전하는 기쁨의 전달자의 사명을 감당하기를 주님의 이름으로 축원합니다.

> 가끔씩은 삶을 되돌아보아야 합니다. 그리고 나는 왜 살아야 하는지에 대한 이유를 말할 수 있는지 생각해 봅시다.

인생이라는 바둑판

같은 바둑판에서 게임을 하던 두 사람이 있었습니다.

잠시 뒤 한 사람은 자신이 게임에서 이겼다고 주장했습니다. 그러나 다른 사람은 말도 안 되는 소리라며 언성을 높였습니다. 이를 지켜보던 다른 사람은 두 사람의 말을 듣고서야 이유를 알았습니다.

한 사람은 바둑판에서 오목을 두고 있었고, 한 사람은 바둑을 두고 있었습니다. 같은 바둑판에서 같은 돌을 사용하고 있었지만 두 사람의 목적은 완전히 다른 것이었습니다.

저는 크리스천의 삶도 이와 같다고 생각합니다.

당신은 무엇을 위해 삶을 살아가고 있습니까?

인생의 목적이 무엇입니까?

같은 삶을 살아가는 사람들이라 해도 저마다의 목적은 다릅니다. 목적에 따라 인생의 방향도, 종착지도 완전히 달라집니다.

육체의 씨를 뿌리고 영적 열매를 거둘 수는 없습니다.
세상적인 목적을 따라 살면서 그리스도인으로 살아가길 기대할 수는 없습니다.

성공을 위해 온갖 권모술수를 사용한 사람이 하나님께 영광을 돌리는 것이 무슨 의미가 있겠습니까? 오히려 그 사람의 성공은 하나님의 이름에 먹칠을 하는 것이 됩니다.

우리는 인생의 목적이 무엇인지, 그 목적을 따라가고 있는지 수시로 점검해야 합니다.

그렇지 않다면 아무리 큰 성공을 해도 하나님은 기뻐하지 않으십니다. 인생이란 바둑판에 하나님이 놓으신 돌이 아니라, 내가 놓은 돌만 가득하기 때문입니다.

제아무리 엄청난 성공을 이루어도, 그 성공으로 하나님께 영광을 돌린다 해도 오히려 하나님은 반문하실 겁니다.

"왜 나한테 고마워하느냐? 왜 나한테 감사하느냐? 네 성공은 네 힘으로, 네가 얻은 것이지 않느냐? 그것도 어쩔 수 없다는 이유로 세상의 방법을 따라서."

바둑 기사들은 대국이 끝나면 그 자리에서 복기를 합니다.

일반적인 바둑은 300수 이상을 두는데 기사들은 방금 둔 바둑을 한 치의 오차도 없이 정확하게 반복합니다.

유명한 대국은 10년이 지나도 정확하게 기억하는 기사들이 많다고 합니다. 대단한 기억력이 아닐 수 없습니다. 그러나 수많은 연구에 따르면 이는 기사들의 기억력이 대단히 좋아서 가능한 일이 아니라고 합니다. 기사들은 바둑 한 수, 한 수에 들어간 의미를 알고 있기에 기억하는 것이라고 합니다. 이들은 바둑이 아닌 다른 분야에서의 기억력은 일반인들과 별다른 차이가 없었습니다.

같은 예로 체스 기사들도 똑같이 바둑과 복기가 가능합니다. 그러나 바둑 기사에게 체스 기보를 암기하라고 하면 5, 6수밖에 외우지 못합니다. 체스 기사 역시 바둑 기보를 암기할 때 마찬가지 결과가 나타납니다.

인생이란 바둑판에 우리도 하루하루 돌을 놓으며 살아가고 있습니다. 그렇다면 지금까지 놓은 돌을 복기해 보십시오.

우리의 목적에 따라서 놓은 돌이 많습니까?
아니면 하나님의 인도하심을 따라 놓은 돌이 많습니까?
어제 놓은 돌은 어떤 목적을 가지고 놓은 돌입니까?

우리 인생의 바둑판에 내가 아닌 하나님이 놓으신 돌들이 더 많아야 합니다. 아니, 앞으로 놓일 돌들은 모두 하나님이 놓으신 돌들이어야 합니다. 그것이 바로 그리스도인의 삶입니다.

사도 요한은 요한일서 2장 17절을 통해 우리에게 이렇게 말하고 있습니다.

"이 세상도, 그 정욕도 지나가되 오직 하나님의 뜻을 행하는 자는 영원히 거하느니라."

앉으나 서나, 오늘도 내일도, 하나님의 뜻을 행하는 삶을 살아가기를 주님의 이름으로 축원합니다.

> 주님을 따라, 주님과 함께 살아가기를 결단하고 실천하는 사람이 크리스천입니다. 다른 무엇보다 믿음의 성공을 꿈꾸고 바랍시다.

하나님은 언제나
거기에 계십니다

길을 걷다 다음과 같은 문구를 발견했다면 기분이 어떨 것 같습니까?

'하나님은 없으니 안심하고 인생을 즐기세요!'

스페인과 영국의 무신론자들이 버스 광고에 실제로 걸었던 문구입니다. 하나님을 만나고, 또 믿고 있는 우리가 이런 문구를 봤다면 기분이 매우 언짢을 것입니다. 크게 화도 날 것입니다. 당장 반박을 쏟아내고 싶을 수도 있습니다.

그러나 저런 문구, 혹은 기독교를 공격하는 세상 사람들의 그 어떤 모욕적인 언사에도 우리는 과잉대응할 필요가 없습니다.

세상 모든 사람들이 하나님이 없다고 생각해도,

세상 모든 사람들이 기독교를 핍박해도,

하나님은 여전히 계십니다.

모든 것을 창조하셨습니다.

사람의 노력과 생각으로 하나님이 계셨다가, 사라졌다가 하지 않습니다.

신학자 프란시스 쉐퍼 박사의 말을 빌리자면 "하나님은 모든 곳에 계시며 말씀하시는 분"이십니다.

"사랑하는 여러분!

하나님의 존재를 결코 의심하지 마십시오.

하나님을 만나고 주님의 강렬한 사랑을 경험한 사람도 때때로 의심의 늪에 빠져 하나님의 존재를 믿지 못하고 방황하곤 합니다.

그러나 그런 우리도, 하나님은 여전히

사랑하시며 기다리십니다.

우리가 하나님을 믿든 믿지 않든 하나님은

온 세상을 창조하셨고, 온 세상에 존재하십니다.

변함없이 우리를 사랑하시고, 돌아오기를 기다리시는

동일하신 주님이십니다."

스페인의 어느 작은 마을에 사는 호르게라는 사람은 집을 나간 아들을 1년째 기다리고 있었습니다. 정말 사소한 다툼에 마음이 상한 아들은 무려 1년 동안 집에 들어오지 않았습니다.

호르게의 하루하루는 아들 걱정으로 채워졌습니다. 밥은 제대로 먹고 있는지, 잠을 잘 곳은 있는지, 위험한 일을 당한 것은 아닌지…. 자나 깨나 아들 생각뿐이었습니다.

결국 먼저 아들을 찾아 나서야겠다고 결심한 호르게는 지역 신문에 광고를 냈습니다.

'내 아들 파코야. 이제 집으로 돌아오렴. 난 여전히 널 사랑한단다. 내일 아침 마을 광장에서 기다리고 있으마.'

다음 날 아침 광장에는 아버지를 찾아 광장에 나온 수많은 파코가 있었습니다. 파코는 스페인에서 우리나라의 '철수'처럼 흔한 이름입니다. 서로 다른 이유로 집을 나가버렸지만, 다시 돌아오라는 아버지의 따스한 말 한마디에 많은 파코들이 아버지를 만나러 광장으로 온 것입니다.

하나님이 없다고 느껴진다면 그것은 하나님이 갑자기 사라지신 것이 아닙니다. 우리가 하나님 곁을 떠나 있는 것입니다. 우리가 하나님을 의심하고 부인해도 하나님은 우리의 인생길에 함께 하고 계십니다.

지금 혹시 모래 위에 쌓은 집과 같은 신앙생활 중이십니까?

세상 사람들의 이런저런 말들에 믿음에 작은 균열이 생기고 있습니까?

그래도 괜찮습니다. 다만 한 가지만 기억하십시오.

하나님은 세상 처음부터 끝 날까지 계시는 완전하신 분이며, 지금도 모든 곳에 계셔서 우리를 동일하게 사랑하고 계십니다.

이 끈만 온전히 붙들고 있다면 결국엔 우리도 온 세상에 충만한 하나님의 영광을 목도할 것입니다.

"그 너비와 길이와 높이와 깊이가 어떠함을 깨달아 하나님의 모든 충만하신 것으로 너희에게 충만하게 하시기를 구하노라." – 에베소서 3장 19절

어제나 오늘이나, 다가올 내일까지도 변함없이 나를 사랑하시는 주님이심을 믿고 은혜가 충만한 믿음의 여정을 걸어가기를 주님의 이름으로 축원합니다.

사랑하는 독생자를 내어 주시면서까지 나를 끝까지, 동일하게 사랑하신 주님의 사랑을 어떤 상황에도 잊지 맙시다.

56

성공이라는 허상

우리나라에서 가장 많이 팔리는 책이 무엇인지 아십니까?

바로 참고서라고 합니다.

다양한 미디어의 발달로 책 판매량은 매년 떨어지고 있지만, 유일하게 판매량이 증가하고 있는 책이 바로 참고서입니다. 심지어 인구가 감소해 학생들도 점점 줄고 있는데도 말입니다.

강남 학군의 아이들은 걸어가면서도 인터넷 강의를 듣는다고 합니다. 저도 그냥 풍문인 줄 알았습니다. 그런데 저녁 시간 대치동 학원가를 지나다가 심심찮게 볼 수 있는 풍경임을 경험하고는 놀랐습니다.

한국 청소년의 학구열은 미국 아이비리그의 명문대생도 놀랄 정도라고 합니다. 왜 이렇게 이른 시절부터 공부에만

목을 맬까요?

바로 성공을 위해서입니다.

성공을 위해서만 인생을 살아간다고 가정하면 우리에겐 남아있는 시간이 별로 없습니다.

10대 때 공부를 열심히 해야 좋은 대학에 가고, 좋은 대학에 가서 좋은 학점을 받아야 좋은 기업에 취직합니다. 좋은 기업에서도 밤낮없이 일해야 빠르게 승진합니다. 그래야 많은 연봉을 받고 꿈에 그리던 성공을 할 수 있습니다.

자, 이제 중년이 넘은 나이가 됐습니다.

그토록 바라던 성공을 이루었습니다.

그럼 이제 뭐가 남았을까요?

당신이라면 이제 어떤 삶을 살아가시겠습니까?

우리 사회는 성공의 단맛에 푹 빠져 있습니다.

성공에 관한 책이 얼마나 많은지 검색해 보십시오.

성공을 위한 패션, 성공을 위한 투자법, 처세술, 화법, 심지어 집안 인테리어에 관련된 책들까지 나와 있습니다.

승진을 위해서는 언제 쓸지도 모르는 관심도 없는 외국어도 열심히 공부하고, 새벽에 나와 땀을 흘리며 운동도 마다하지 않습니다.

'성공' 단 하나의 가치를 위해 사람들은 돈과 시간, 노력을 아낌없이 투자합니다.

그러나 누구도 진정한 성공이 무엇인지는 말해주지 않습니다.

돈이 많으면 성공한 것일까요?

얼마나 많아야 성공한 것일까요?

50년 전에는 10억이 있는 사람을 백만장자로 불렀습니다. 10억만 있어도 흔히 볼 수 없는 엄청난 부자였기 때문입니다. 지금은 그때에 비해 돈의 가치가 50배가 넘게 줄었다고 합니다. 현실 기준으로는 50억은 있어야 백만장자입니다.

그러면 이렇게 돈을 벌었다고 해서 정말 성공한 것일까요?

진정한 성공은 무엇일까요?

성공 뒤에는 어떤 삶이 기다리고 있을까요?

그 누구도 대답해 줄 수 없습니다.

인간의 욕구는 결코 끝이 없기 때문입니다.

우리의 욕구는 끝이 없습니다.

잠시 그 욕구가 충족되어도 이내 다른 것을 더 많이 욕망합니다.

우리 마음과 생각에 '하나님'이 아니라 '나'로 가득할 때 이런 현상은 더욱 심해집니다.

'나'의 꿈, '나'의 목표, '나'의 계획, '나'의 성취, '나'의 자랑, '나'의 욕구….

성공을 위해 인생을 쏟아부으면 만족감 대신 지독한 불쾌감이 생깁니다. 과식을 하고 나면 오히려 불쾌해지는 것과 같습니다. 심지어 과식은 우리의 건강을 해칩니다. 진정한 성공, 진정한 만족을 얻기 위해서는 우리의 사고방식의 기준을 '나'에서 '하나님'으로 바꾸어야 합니다. 이런 사고방식을 가진 사람은 진정한 성공이 무엇인지 깨달은 사람으로, 주어진 상황과 환경에 관계없이 만족한 삶을 살아갑니다.

> "나는 비천에 처할 줄도 알고 풍부에 처할 줄도 알아 모든 일 곧 배부름과 배고픔과 풍부와 궁핍에도 처할 줄 아는 일체의 비결을 배웠노라." – 빌립보서 4장 12절

미국의 대표적인 복음주의 작가인 존 오트버그 목사가 10살 때의 이야기입니다.
오트버그는 할머니와 종종 '모노폴리'라는 보드게임을 즐겼습니다. 모노폴리는 우리나라의 블루마블과 비슷한 게임입니다.

하루는 게임이 잘 풀려서 게임에 나오는 거의 모든 것을 오트버그 목사님이 가졌습니다.

가장 비싼 도시들, 우주여행, 여행사, 섬까지.

비록 게임이었지만 오트버그 목사님은 세상의 모든 것을 가진 듯이 신이 났다고 합니다. 그러다 문득 게임을 끝날 때쯤 다음과 같은 깨달음을 얻었습니다.

'모든 것을 다시 상자 속에 넣을 순간이 오는구나.'

그토록 자랑스러웠던 도시의 소유 카드, 섬의 카드, 우주여행 센터 등…. 이 모든 것은 게임이 끝나면 상자 안에 들어갈 아무것도 아닌 것들이었습니다.

조금 더 길게, 넓게 보면 우리의 인생도 마찬가지입니다.

당시 10살이던 오트버그 목사님은 자신이 많은 것을 소유했기에 게임을 정리하기 싫었습니다. 수많은 돈과 도시들을 그대로 두고 평생 자랑스러워하고 싶었지만 게임이 끝나면 모든 것은 상자 안으로 들어가야 했습니다. 그것이 모노폴리 게임이고, 어쩌면 그것이 우리의 인생입니다.

많은 사람이 '모노폴리' 게임같이 다른 무엇이 우리의 욕구를 채워준다고 착각하고 있습니다.

돈, 권력, 인기, 외모… 이런 것들이 충족되면 삶이 더 나아지고 진정한 만족이 찾아온다고 착각합니다. 이것들을 가지면 성공할 수 있다고 착각하는 것입니다.

인생에서 이런 요소들이 아무런 쓸모가 없다고 부정하지는 않겠습니다.

그러나 하나님을 만나지 못한다면, 그 모든 것을 가지고 누린다고 해도 결국 스치는 바람과 같이 일시적인 만족을 채워줄 뿐입니다.

더 큰 공허감이 찾아올 뿐입니다.

이것이 성공의 허상입니다.

하나님 대신 세상의 다른 것을 얻기 위해 우리의 시간과 노력, 에너지를 쏟게 만들기 위해 마귀가 우리에게 심어준 성공이란 함정입니다.

때가 되면 모든 것을 상자에 넣어야 합니다.

이 말을 반드시 기억하십시오.

세상의 성공이 아닌 하나님의 계획에 우리 삶을 맡길 때 우리 인생은 정말로 형통해집니다.

요셉은 노예로 팔려가고, 억울한 누명을 썼습니다.

그러나 그의 삶은 형통한 삶이었습니다.

그 모든 굴곡이 결국 요셉을 총리로 세우시려는 계획 가운데 있었기 때문입니다.

그리스도인의 형통의 기준은 세상의 기준과 다릅니다.
하나님의 뜻을 따라 살아가는 사람이 형통한 사람입
니다.
성공한 사람입니다.

사도 요한은 헛된 성공에 힘을 쏟고 있는 우리에게 다음
과 같이 말하고 있습니다.

> "이 세상도, 그 정욕도 지나가되 오직 하나님의 뜻을 행하는 자는 영
> 원히 거하느니라." – 요한1서 2장 17절

우리가 지금 누리고 있는 것들도 결국 언젠가는 사라집
니다.
금방 사라질 성공이란 허상을 좇지 말고 영원한 하나님
의 뜻, 하나님의 영광을 위해 인생을 값지게 사용하시기를
주님의 이름으로 축원합니다.

> 내가 바라고 있는 성공의 모습은 어떻습니까? 세상의 방식을 따른 허
> 상이 아닌, 말씀이 가르치는 진정한 성공의 방향으로 인생의 나침반
> 이 향하도록 합시다.

감출 수 없는 기쁨

말로는 기쁘다고 하지만 얼굴은 찡그리고 있는 사람, 말로는 별일 없다고 하면서도 얼굴에 미소가 만연한 사람, 두 사람 중 진짜 기쁨을 느끼는 사람은 누구라고 생각하십니까?

십중팔구 얼굴이 웃고 있는 사람이라고 대답할 것입니다. 진짜 기쁜 일이 있는 사람은 말로 하지 않아도 얼굴에 티가 나는 법입니다.

"의인을 위하여 빛을 뿌리고 마음이 정직한 자를 위하여 기쁨을 뿌리시는도다." – 시편 97편 11절

새로운 도시로 이사를 한 성도가 있었습니다. 그는 출석할 교회를 알아보며 고민 중이었습니다.

어느 날, 택시를 타고 집으로 가던 중 혹시나 해 택시 기사에게 주변에 괜찮은 교회가 있냐고 물었더니 망설임 없이 한 교회의 이름을 알려주셨습니다. 기사님이 다니는 교회인가 싶어 물어보니 자신은 무교라고 대답했습니다. 왜 그 교회를 추천해 주셨냐고 묻자 택시 기사가 대답했습니다.

"제가 사람을 많이 태우고 다니잖아요.

그 교회 가자고 하는 사람들은 얼굴 표정이 달라요. 표정이."

신앙생활은 고난을 참으며 억지로 버틸 필요가 없습니다. 오히려 기쁨과 즐거움이 만연한 꽃길이어야 합니다.

신앙만큼 즐거움과 기쁨이란 단어가 잘 어울리는 것은 없습니다.

성경은 분명하게 이에 대해 언급하고 있습니다.

"마음의 즐거움은 얼굴을 빛나게 하여도 마음의 근심은 심령을 상하게 하느니라." – 잠언 15장 13절

내적인 기쁨은 밖으로 드러나기 마련입니다.

그리스도가 나를 구원하셨다는 사실,

세상 모든 것을 다스리는 전능자가 나를 사랑한다는 사실, 이 사실들보다 더 큰 기쁨은 세상에 없습니다.

그리스도인은 이 기쁨을 가슴에 담고 매일 살아가는 사람입니다.

그 기쁨들이 지금 우리의 얼굴에 드러나고 있습니까?

교회에 가기 전, 우리의 얼굴이 어떤지 기울로 살펴보십시오.

주님은 우리의 상한 마음을 치유해 주시고, 영혼을 소생시켜주십니다.

어떻게 이런 일이 가능하겠습니까?

우리 마음에 영원한 기쁨을 주시기 때문입니다.

모든 신앙생활 가운데는 기쁨과 즐거움이 함께해야 합니다.

산악인 B씨는 세계 최고봉인 에베레스트산을 등정하다가 발가락을 전부 잃었습니다. 에베레스트산에 등정하는 영광과 발가락을 맞바꾼 셈이었습니다. 오랜 치료 끝에 다시 걸을 수는 있게 됐지만, 전처럼 다시 산을 탈 수는 없었습니다.

어떤 일을 해도 산을 오르던 허전한 마음을 채울 수는 없었습니다.

긴 고민 끝에 건물 외벽 청소를 하는 일이 떠올랐습니다. 높은 곳에서 외줄을 타고 청소를 하는 일은 산에 오르는 일 못지않게 흥미롭고 재밌는 일이었습니다.

첫 청소를 마친 후 이것이 자신의 천직이라는 생각이 강하게 들었습니다. 경험이 쌓이자 건물 청소를 전문으로 하는 회사를 차려 승승장구했습니다.

B씨는 지금도 매일 아침 눈을 뜨면 새로운 건물에 오를 생각에 가슴이 설렌다고 합니다. 남들이 보기엔 위험천만한 일이지만 그 어떤 높은 빌딩도, 힘든 청소도 웃으면서 기쁨으로 할 수 있다고 합니다. 이 일은 B씨의 가슴을 뛰게 하는 유일한 일이기 때문입니다.

남의 칭찬과 같은 보상을 기대하고 쓴 글은 글쓰기가 주는 즐거움에 빠져서 쓴 글보다 덜 창조적입니다. 다른 목적을 얻기 위해 하는 사고에서는 창조적인 생각이 나오기 어렵다는 것입니다.

구원받은 우리의 마음속에는 세상의 그 어떤 기쁨을 초월하는 감출 수 없는 기쁨이 매일 솟아나야 합니다. 그 어떤 환란과 고난에도 찬양할 수 있는 진정한 기쁨 말입니다!

"나는 너희를 향하여 담대한 것도 많고 너희를 위하여 자랑하는 것도 많으니 내가 우리의 모든 환난 가운데서도 위로가 가득하고 기쁨이 넘치는도다." – 고린도후서 7장 4절

불완전하고 악의 권세 가운데 있는 세상을 바라보지 마십시오.

우리를 구원하신 주님이 이미 세상을 이기고 승리하셨습니다.

우리의 기쁨은 세상의 그 누구도, 공중 권세 잡은 자도 빼앗을 수 없는 영속적인 은혜입니다.

누구도 빼앗을 수 없는 영원한 기쁨과 즐거움을 주신 하나님 아버지가 계시는 하늘을 바라보며 살아가기를 주님의 이름으로 축원합니다.

구원의 감격을 잊지 않을 때 주님이 주시는 영원한 기쁨이 우리를 떠나지 않습니다. 감출 수 없는 기쁨을 우리 삶에 말로, 표정으로, 행동으로 드러내며 삽시다.

내 눈의 들보부터

세상에서 가장 쉬운 일이 뭔지 아십니까?
바로 남 탓입니다.

세상에서 가장 어려운 일이 뭔지 아십니까?
자기 잘못을 인정하는 것입니다.

사람에게는 자기 자신보다 소중한 존재는 없습니다.
아무리 이타적인 사람이라 하더라도 근본 자체는 이기
적일 수밖에 없습니다. 저 멀리 떨어진 아프리카 대륙에서
끼니도 때우지 못해 굶어 죽어가는 어린아이보다, 당장 내
치통이 더 중요한 문제입니다. 하물며 내 실수로 어떤 문제
가 발생했을 때 인정하는 일은 쉽지가 않습니다.

우리는 쉽게 '탓'을 합니다.

세상을 탓하고,
다른 이를 탓하고,
환경을 탓하고,
시대를 탓하고,
바로 하나님을 탓합니다.

그러나 하나님은 다른 사람이 아닌 바로 자기 자신의 문제를 돌아보라고 말씀하십니다.

"어찌하여 형제의 눈 속에 있는 티는 보고 네 눈 속에 있는 들보는 깨닫지 못하느냐." – 마태복음 7장 3절

모든 사람이 남 탓을 하는 곳이 바로 지옥입니다.
모든 사람이 자기 탓을 하는 곳이 바로 천국입니다.

영국의 웨스트민스터 사원의 한 묘비에는 다음과 같은 기도문이 적혀 있다고 합니다.

「내가 아직 젊고 자유로운 상상력을 가졌던 시절,
나는 세상을 변화시키겠다는 꿈을 가졌었다.

좀 더 나이가 들고 지혜를 얻었을 때

나는 세상이 변하지 않으리라는 걸 깨달았다.
그래서 내가 사는 나라를 변화시키겠다고 결심했다.
그러나 그것 역시 불가능한 일이라는 것을 곧 깨달았다.

황혼의 나이가 되었을 때 나는 마지막 시도로,
가까운 내 가족을 변화시키겠다고 마음을 먹었다.
그러나 아무도 달라지지 않았다.
이 역시 헛된 일이었다.

이제 죽음을 맞이하기 위해 누운 자리에서야
나는 비로소 깨달았다.
만일 내가 나 자신을 먼저 변화시켰더라면!
변화된 나를 보고 내 가족이 변화되었을 것을,
변화된 우리 가족으로 인해
내 나라가 더 좋은 곳으로 변화되었을 것을.
그리고 혹시 누가 아는가,
세상까지도 변화되었을지!」

그렇습니다.
우리는 다른 사람, 환경, 하나님을 탓해선 안 됩니다.
우리 스스로를 변화시켜야 합니다. 하나님을 더욱 사랑
하고, 이웃을 더욱 사랑해야 합니다. 이런 삶을 살아가는
사람의 인생은 하나님의 선한 영향력을 온 세상에 끼치는,

진정으로 변화된 사람입니다.

'빌레몬서'는 종으로부터 달아난 오네시모를 위해 바울이 쓴 편지입니다. 바울은 이 일에 잘못한 일이 하나도 없습니다. 그러나 바울은 오네시모를 위해 기꺼이 자신을 희생합니다. 마치 아무 죄도 없는 예수님이 우릴 위해 희생하신 것처럼 말입니다.

> "그가 만일 네게 불의를 하였거나 네게 빚진 것이 있으면 그것을 내 앞으로 계산하라 나 바울이 친필로 쓰노니 내가 갚으려니와 네가 이 외에 네 자신이 내게 빚진 것은 내가 말하지 아니하노라." – 빌레몬서 1장 18-19절

오네시모의 잘못을 자신의 잘못인 것처럼 생각하고 빌레몬에게 용서를 구하는 바울의 희생이 오네시모도 변화시켰고, 빌레몬도 변화시켰습니다.

바울처럼, 예수님처럼 다른 이를 위해 기꺼이 희생하며 남 탓을 하지 않기를 주님의 이름으로 축원합니다.

겸손함으로, 경건함으로 매일 주님께로 더 가까이 가기만을 소망하며 날마다 더 거룩하게 변화되는 성도로 살아갑시다.

마르지 않는 샘

가장 힘든 운동이 뭐라고 생각하십니까?

저는 마라톤이라고 생각합니다.
당장 공원으로 나가서 한 번 뛰어보십시오.
처음 뛰는 사람은 1km도 쉬지 않고 달리기가 쉽지 않습니다. 그런데 마라톤은 무려 42,195km를 쉬지 않고 달려야 합니다.

더 놀라운 것은 속도입니다. 마라톤 선수들이 완주하는 속도를 100m 달리기로 환산하면 18초라고 합니다. 100m 를 18초로 달리는 속도로 2시간이나 쉬지 않고 달립니다.

우리가 몇 달은 열심히 노력해야 겨우 2km, 혹은 3km 정도를 뛸 수 있는 몸이 완성되지만 마라톤 선수들에게는 워밍업조차 되지 않습니다.

마라톤 선수라고 태어날 때부터 이런 몸이 된 것은 아닙니다. 꾸준하게 훈련을 반복하면서 조금씩 심폐 지구력을 늘린 것입니다. 일반인보다 훨씬 더 큰 폐활량과 근지구력을 길렀기 때문에 보통 사람은 기진맥진할 거리를 마라톤 선수들은 여유 있게 웃으며 달립니다.

사람의 감정도 마찬가지입니다.

자격지심이 있는 사람은 자존심을 조금만 건드려도 바로 화를 내고 토라집니다. 하지만 여유가 있는 사람은 오히려 웃습니다. 잘생긴 영화배우를 못생겼다고 놀린다면 그 배우가 화를 내겠습니까? 오히려 별 이상한 소리를 다 하네라며 웃어넘길 것입니다.

이 원리는 신앙에도 그대로 적용됩니다.

성경 속의 위대한 인물들이 겪은 고난과 시련이 우리에게는 마치 마라톤 선수의 경주처럼 보입니다. 만약 우리가 그와 같은 상황에 처했다면 분명히 그 상황을 견딜 수 없었을 것입니다.

성경 속의 인물까지 가지 않더라도 상황은 비슷할 것입니다. 여기저기 쏟아지는 간증들을 듣다 보면 도대체 내 인생, 내 신앙만 왜 이런 상황인지 이해가 되지 않습니다. 남들에겐 아무것도 아닌 시련과 고통이 내가 감당하기에는 너무나 무겁고 큰 짐처럼 느껴집니다.

도대체 그 이유가 무엇일까요?
신앙생활의 연차가 부족해서가 아닙니다.
금식 기도를 덜 해서도 아닙니다.
타고난 믿음의 그릇이 부족해서도 아닙니다.

주님이 세상에 오신 이유는 우리의 연약함을 감당하시기 위해서였습니다.

"우리가 아직 연약할 때에 기약대로 그리스도께서 경건하지 않은 자를 위하여 죽으셨도다." – 로마서 5장 6절

그 이유는 바로 우리 마음에 예수님의 마음이 부족하기 때문입니다.

매사에 불평불만이 많은 젊은 수도사가 있었습니다. 너무나 불평을 많이 해서 다른 사람에게 피해가 갈 정도였습니다. 하루는 지혜로운 수도 원장이 젊은 수도사를 밖으로 불러냈습니다. 수도 원장은 작은 물컵에 소금을 한 움큼 넣어주며 마시라고 권했습니다. 젊은 수도사는 표정을 잔뜩 찡그리며 소금물을 마셨습니다.

"맛이 어떻습니까?"

"몰라서 물으십니까? 매우 짭니다."

수도원장은 앞에 펼쳐진 넓은 호수에 가져온 소금 한 부대를 탈탈 털어 넣었습니다. 그리고 호수에서 물을 한 잔 떠서 젊은 수도사에게 권했습니다.

"아까보다 소금을 훨씬 더 많이 넣었습니다. 지금도 물이 짭니까?"

"전혀 짜지 않습니다. 그냥 생수 같습니다.

그런데 이런 쓸데없는 일을 왜 하시는 겁니까?"

수도원장이 대답했습니다.

"컵이 우리의 마음이고 짠맛이 불평불만이라고 생각해 보십시오. 작은 마음에는 조금만 나쁜 일이 생겨도 불평불만이 튀어나옵니다. 그러나 주님이 주신 은혜로 우리 마음이 이 호수같이 넓게 채워져 있다면 소금이 아무리 들어가도 불평불만은 튀어나오지 않습니다."

이날의 가르침 이후 젊은 수도사는 단 한 번도 불평불만을 늘어놓지 않았습니다.

우리에게 부족한 것은 능력이 아닌, 예수님의 마음입니다. 믿음의 인물들이 우리보다 나은 것은 누구보다 예수님의 마음을 더 많이 품고자 했었다는 사실 단 한 가지입니다.

누구보다 하나님께 크게 쓰임 받았던 사도 바울은 빌립보 교회 성도들에게 다음과 같이 권면했습니다.

"너희 안에 이 마음을 품으라 곧 그리스도 예수의 마음이니." – 빌립보서 2장 5절

우리의 마음을 주님의 마음으로 가득 채울 때 우리 역시 바울과 같이 주님께 쓰임 받으며 같은 고백을 할 것입니다.

우리의 마음을 주님의 마음으로 가득 채우십시오.

마르지 않는 샘처럼 다함이 없는 은혜를 풍성하게 우리 마음에 채워주시는 주님의 마음을 품고 살아가기를 주님의 이름으로 축원합니다.

나의 부족함과 약함을 덮고도 남을 위대한 능력이 주님께는 있습니다. 우리에게 힘을 주시고, 위로를 주시는 그리스도 예수의 마음을 품을 수 있도록 거룩하고 정결한 삶을 삽시다.

백 달란트 은혜, 만 달란트 은혜

세상의 모든 사람은 죄인입니다.
이 말에 동의하십니까?

모든 사람이 죄인이기 때문에 예수님을 믿지 않고서는 구원받을 수 없습니다. 이 사실은 그리스도인이 결코 부인할 수 없는 전제입니다. 그러나 우리는 이 전제를 잊고서 마치 이제 나는 죄가 없는 사람인 것처럼, 다른 사람보다 훨씬 더 우월한 것처럼 살아갑니다. 저마다 누가 더 의인이고, 죄인인지를 멋대로 평가하면서 말입니다.

개인적인 문제든 공적인 문제든 간에, 우리가 뭔가 잘못하고 실수한 사람들에게 어떻게 반응하느냐를 보면 죄에 대한 우리의 생각을 알 수 있습니다.
다른 사람을 판단하고 정죄하는 일을 당연하게 생각하

고 있지는 않습니까?

간음한 여인을 끌어내 돌로 치려고 하는 군중들처럼 다른 사람을 판단하고 있지는 않습니까?

그렇다면 지금 우리 마음에는 주님이 주신 사랑이 없는 상태입니다.

하나님의 공의 아래 우리 모든 사람은 똑같은 죄인입니다. '죄 없는 사람'만이 돌로 칠 자격이 있습니다. 흠이 없으신 하나님만이 모든 사람을 심판할 자격이 있는 분이십니다. 그래서 주님은 다른 이를 몇 번이나 용서해야 하냐는 베드로의 질문에 '일흔 번씩 일곱 번'이라고 말씀하셨습니다. 용서를 구하는 모든 사람을 용서하라는 뜻입니다. 주님이 우리에게 하신 것처럼 말입니다.

"만일 하루에 일곱 번이라도 네게 죄를 짓고 일곱 번 네게 돌아와 내가 회개하노라 하거든 너는 용서하라 하시더라." – 누가복음 17장 4절

설령 하루에 같은 죄를 7번이나 짓고 돌아와 회개했다고 말해도 주님은 아무 조건 없이 그 용서를 받아주라고 말씀하셨습니다. 우리가 할 일은 형제를 사랑하고 용서하는 것이지 판단하고 정죄하는 것이 아닙니다. 모든 심판은 하나님이 하실 일입니다.

이 말씀에 "아멘!"이라고 하면서도 우리는 정작 그렇게

살고 있지 못한 것이 안타까운 현실입니다.

"괜찮습니다. 당신을 용서했습니다. 그러나 같은 죄를 한 번만 더 지어보십시오. 결코 용서하지 않을 것입니다. 그리고 제가 이 일을 잊을 것이라고도 기대하지 마십시오. 평생 기억할 것입니다. 그리고 우리 사이가 다시 좋아질 것이라고 생각하지도 마십시오. 저는 단지 당신을 용서했다고 말했을 뿐입니다!"

우리의 용서는 이런 용서입니다.
만 달란트를 탕감해 주신 주님의 용서는 잊고, 형제자매의 백 달란트를 갚으라고 말하는 예수님이 말씀하신 비유의 불의한 종, 그대로의 모습입니다.

석유왕 록펠러가 하루는 임원들을 회장실로 불렀습니다. 당시 임원들의 잘못된 판단으로 회사는 큰 손실을 본 상태였습니다.
임원들은 록펠러가 불같이 화를 낼 것이라고 예상해 전전긍긍하고 있었습니다. 마땅한 변명거리를 준비하던 중 임원 중 중추적인 역할을 담당하던 베드포드가 총대를 메고서 혼자서 회장실로 향했습니다.

록펠러는 베드포드에게 메모 한 장을 내밀었습니다.

그 메모에는 그동안 임원들이 회사에 이익을 준 내용들이 가득 채워져 있었습니다.

"우리 회사가 이번에 막대한 손실을 본 것은 사실이라네. 그러나 그동안 자네들 때문에 얻은 이익에 비하면 한참 모자란다네. 그런 이유로 이번 실수는 불문에 부칠 테니 앞으로 회사를 위해 더욱 힘써주게나."

훗날 베드포드는 당시의 일을 이렇게 회상했습니다.

"그때 배운 교훈을 저는 평생 잊지 못했습니다. 그 뒤로 저도 누군가 실수를 저질렀을 때 메모에 그 사람의 장점을 최대한 많이 적곤 했습니다. 그러면 화가 누그러지고 그 사람을 향한 좋은 마음이 생깁니다. 이 습관 덕분에 사람을 함부로 대하지 않게 됐고, 한순간의 판단으로 유능한 직원을 잃는 실수도 방지할 수 있었습니다."

하나님이 탕감해 주신 우리의 죄, 실수, 잘못은 얼마입니까?

그 은혜를 잊지 않을 때 다른 형제자매를 진심으로 용서하며, 사랑할 수 있습니다. 그 은혜를 잊고 정죄하는 사람에게는 하나님도 똑같은 잣대로 정죄하시겠다고 경고하셨습니다.

"이에 주인이 그를 불러다가 말하되 악한 종아 네가 빌기에 내가 네

빚을 전부 탕감하여 주었거늘 내가 너를 불쌍히 여김과 같이 너도 네 동료를 불쌍히 여김이 마땅하지 아니하냐 하고 주인이 노하여 그 빚을 다 갚도록 그를 옥졸들에게 넘기니라 너희가 각각 마음으로부터 형제를 용서하지 아니하면 나의 하늘 아버지께서도 너희에게 이와 같이 하시리라." – 마태복음 18장 32-35절

하나님이 주신 넘치는 은혜와 사랑을 기억하십시오.

하나님이 나를 용납하시고, 사랑하신 것처럼 다른 형제와 자매도 용납하고, 사랑하기를 주님의 이름으로 축원합니다.

> 이기적인 우리는 스스로의 힘으로 누군가를 용서하고 사랑할 수 없습니다. 다른 이를 사랑하고 용서할 힘을 달라고 주님께 기도로 구합시다.

1

자녀를 위한
무릎 기도문

하나님의 사랑받는 자녀로
성장시키기 위한 기도서!

2

가족을 위한
무릎 기도문

하나님의 축복받는
가정이 되기 위한 기도서!

3

태아를 위한
무릎 기도문

태아와 엄마를
영적으로 보호하고
태아의 미래를 준비하는
태담과 태교 기도서!

4

아가를 위한
무릎 기도문

24시간 돌봐주시는 하나님께
우리 아가를 맡기는 기도서!

5

십대의
무릎 기도문

멋지고 당당한
십대 되게 하는 기도서!

6

십대자녀를 위한
무릎 기도문

멋지고 당당한
십대자녀 되게 하소서

7

재난재해안전
무릎 기도문
〈자녀용〉

불의의 재난 사고로부터
자신을 지키는 방법을
배우는 기도서!

8

재난재해안전
무릎 기도문
〈부모용〉

불의의 재난 사고로부터
자녀를 지키는 방법을
배우는 기도서!

남편을 위한 무릎 기도문

사랑하는 남편의
신앙, 건강, 성공 등을
이루게 하는 아내의 기도서!

아내를 위한 무릎 기도문

아내를 끝까지 지켜주는
남편의 소망, 소원,
행복이 담긴 기도서!

워킹맘의 무릎 기도문

좋은 엄마/좋은 직원/
좋은 성도가 되기위해
노력하는 워킹맘의 기도서!

손자/손녀를 위한 무릎 기도문

어린 손주 양육에
최선을 다하는
조부모의 손주를 위한 기도서!

자녀의 대입합격을 위한 부모의 무릎 기도문

자녀 합격을 위한
30가지 주제와
30일간 기도서!

대입합격을 위한 수험생 무릎 기도문

수험생을 위한
30가지 주제와
30일간 기도서!

태신자를 위한 무릎 기도문

100% 확실한 전도를 위한
30일간의 필수 기도서!

새신자 무릎 기도문

어떻게 믿어야 할지 모르는
새신자가 30일 동안 스스로
기도하게 하는 기도서!

교회학교 교사 무릎 기도문

반 아이들을 위해
실제로 기도할 수 있게 하는
교회학교 교사들의 필수 기도서!

선포(명령) 기도문

소리내 믿음으로 읽기만 해도
주님의 보호, 능력, 축복,
변화와 마귀를 대적하는
강력한 선포기도가 됩니다!

망망한 바다 한가운데서 배 한 척이 침몰하게 되었습니다.
모두들 구명보트에 옮겨 탔지만 한 사람이 보이지 않았습니다.
절박한 표정으로 안절부절 못하던 성난 무리 앞에 급히 달려 나온 그 선원이
꼭 쥐고 있던 손바닥을 펴 보이며 말했습니다.
"모두들 나침반을 잊고 나왔기에… "
분명, 나침반이 없었다면 그들은 끝없이 바다 위를 표류할 수 밖에 없을 것입니다.

우리는 삶의 바다를 항해하는 모든 이들을 위하여
그 나침반의 역할을 하고 싶습니다.
우리를 구원하신 위대한 주 예수 그리스도를 널리 전하고 싶습니다.

"하나님은 모든 사람이 구원을 받으며
진리를 아는 데에 이르기를 원하시느니라"
(디모데전서 2장 4절)

담대하게 맞서라!

지은이 | 이기열 목사
발행인 | 김용호
발행처 | 나침반출판사

제1판 발행 | 2022년 9월 10일

등   록 | 1980년 3월 18일 / 제 2-32호
본   사 | 07547 서울특별시 강서구 양천로 583
            블루나인 비즈니스센터 B동 1607호
전   화 | 본사 (02) 2279-6321 / 영업부 (031) 932-3205
팩   스 | 본사 (02) 2275-6003 / 영업부 (031) 932-3207
홈   피 | www.nabook.net
이   멜 | nabook365@hanmail.net

일러스트 제공 | 게티이미지뱅크

ISBN 978-89-318-1641-9
책번호 가-3107

값은 뒤표지에 있습니다.